中国养龟产业
发展战略研究

董燕声　著

中国农业出版社
农村读物出版社
北　京

图书在版编目（CIP）数据

中国养龟产业发展战略研究／董燕声著．—北京：
中国农业出版社，2020.1
　　ISBN 978-7-109-26463-2

　　Ⅰ．①中…　Ⅱ．①董…　Ⅲ．①龟科－淡水养殖－产业
发展－经济发展战略－研究－中国　Ⅳ．①F326.4

　　中国版本图书馆 CIP 数据核字 (2020) 第 010665 号

中国养龟产业发展战略研究

中国农业出版社出版

地址：北京市朝阳区麦子店街 18 号楼
邮编：100125
责任编辑：程　燕
责任校对：刘飚雨
印刷：中农印务有限公司
版次：2020 年 1 月第 1 版
印次：2020 年 1 月第 1 次印刷
发行：新华书店北京发行所发行
开本：787mm×1092mm　　1/16
印张：14.25
字数：320 千字
定价：88.00 元

作者简介

董燕声
DONGYANSHENG

　　董燕声，博士，中国执业兽医师，现任珠海康益达企业董事长、康益达动物生命科学研究院院长、康益达商学院院长、康益达龟鳖医院院长。

　　主要社会职务：中国管理科学研究院"管理名师大讲坛首席生物技术专家"、中国渔协龟鳖产业分会副会长、全国龟鳖健康养殖技术协作委员会主任、《中国龟鳖》杂志编委会常务副主任、中国优质家禽育种与生产研究会常务理事、全国农产品加工产业发展联盟水产产业专委会常务理事；广东省牧医学会中兽医学专业委员会副主任委员、广东省龟鳖养殖行业协会副会长；珠海市龟业研究会名誉会长、珠海市渔业协会常务副会长、珠海市牧医学会小动物医学专业委员会副主任委员、珠海市茂名商会副理事长、珠海市化州商会副会长；茂名市沙琅龟鳖行业协会名誉会长、广西钦州市石金钱龟协会首席专家；首届

（广州）宠物中医交流会讲师团"特邀专家"、第三届上海龟谷展大讲堂"特聘讲师"、第八届华南小动物医师大会特邀"学术讲师"；美国普莱斯顿大学＆美国管理技术大学（中国）博士联谊会常务副会长。

作者参加第十届中国科学家论坛大会，荣获"2013中国科技创新最佳发明成果奖"，并被授予"2013中国科技创新人物"，在北京人民大会堂受到第九届全国政协副主席王文元、中国科协原副主席与书记处书记高潮、国家信息产业部原部长吴基传等国家领导人的接见，并受到中央电视台的采访。作者参加第八届中国管理科学大会，被中国管理科学院学术委员会聘为"管理名师大讲坛首席生物技术专家"，并受到十一届全国政协原副主席张榕明、国家科技部原部长朱丽兰、国家农业部原副部长路明、国家发改委原副主任李子彬及中国管理科学院常务副院长王兴成等国家领导人的接见，同时再次受到中央电视台的采访。

作者参加工作30多年来，一直从事教学、科研、生产及科技推广等工作，先后主持和承担多项国家、省、市、区立项的科研项目，获得多个国家发明专利，并发表专业论文60多篇，合作编写专著3部，编制产品企业质量技术标准30多个。在水产生态健康养殖、疾病防治及产品研发等方面，具有扎实的理论基础和丰富的实践经验，尤其在生物技术领域、龟鳖健康养殖及疾病防治上，更有深入的研究和取得丰硕成果，是生物技术专家、水产专家和我国著名的龟鳖健康养殖技术专家。

企业简介

　　珠海康益达企业成立20多年以来，一直坚持"诚实做人、诚信做事、品质立业、拓新进取"的经营理念，始终走科学发展之路和"依靠科学技术与技术创新"推动企业较快发展。目前康益达已发展成为一家规模较大、科技含量较高的科技型、综合性、集团式的珠海市农业龙头企业、国家高新技术企业，在业界享有较高的声誉。

　　企业总部位于珠海市金湾金海岸生物科技园，现拥有珠海市康益达生物科技有限公司、珠海金达生物科技有限公司、珠海康益达动物药业有限公司、珠海康益达农业技术有限公司和珠海市康益达牧工商有限公司等5家公司，和康益达动物生命科学研究院、康益达商学院、康益达龟鳖医院、康益达龟类繁育研究中心、康益达工厂化科学养龟场和康益达生态健康养殖试验示范基地等6个附属机构。

　　企业的GMP动物药厂、饲料添加剂厂、添加剂预混料厂和养殖水质调理剂厂研发、生产的"龟鳖、鱼虾蟹、海参、畜禽及宠物"用等系列产品，销往全国各地，用户反映良好，特别是"龟用产品"是业界公认的中国领导品牌。而企业的康益达龟鳖医院则是全国首家专业龟鳖医院，可对全国各地送来的发病龟鳖进行科学的检验和诊治；康益达商学院受托举办的"国家水生生物病害防治员职业技能鉴定培训班"，迄今有3000多人参加培训并经考试获得"国家水生生物病害防治员"职业资格证，在业界反响强烈，受到广东省海洋与渔业技术推广总站和中国渔协龟鳖产业分会等的表扬。

企业近年来在科学研究和科技创新等方面也取得了较好成绩，先后承担了国家和省市区多项科研项目，获得了10多个国家发明专利，并多次受到有关部门和单位的表扬、奖励。如2013年荣获"2013中国科技创新最佳发明成果奖"；2014年荣获"金湾区2013年度品牌创新三等奖"，并成为"全国科技自主创新和企业管理创新示范单位"；2015年荣获"全国龟鳖产业发展优异成就特等奖"和"全国龟鳖健康养殖优质服务特别贡献奖"；2016成为"广东省互联网＋试点项目"单位；2017年荣获"全国龟鳖产业技术创新特等奖"、"全国龟鳖产业科技体系建设特别贡献奖"和"中国水产养殖增效绿色发展贡献奖"；2018年"在全国龟鳖产业发展与物种保护中创建的病害防治体系，荣获全国龟鳖行业重大贡献特等奖"。

珠海市康益达生物科技有限公司总部的一角

中国美丽的生态养龟场图

广东省惠州市金钱龟生态发展有限公司的万龟园、放生岛

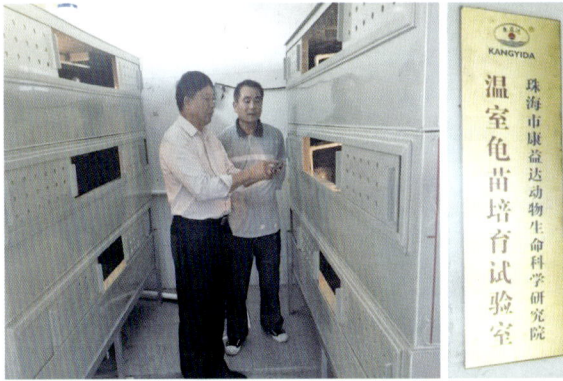

珠海康益达动物生命科学研究院龟类繁育研究中心

珠海康益达生物科技有限公司生态健康养殖综合试验示范基地（养龟场）

前言

中国的自然资源和生物资源都很丰富，其中龟很受人们青睐。特别是近年来，中国养龟产业发展很快，规模不断扩大，从业人员也不断增多。而且随着物质文化生活的不断提高，人们对健康的需求越来越旺盛，"健康是最大财富"的理念深入人心，因此使得龟独特而不可替代的药用和保健价值更受关注，也预示着中国的养龟产业具有巨大的发展潜力。千百年来，龟确实为人们的身体健康做出了重要贡献，也对世界文明与进步产生了积极影响。

但是，中国养龟产业在快速发展的同时，也逐渐暴露出一些问题，如前几年龟市场的狂热和无序竞争致使产业乱象丛生，首先，龟价先虚高后跳水式跌落，使得一部分人一夜暴富，也使得一大批跟风养殖者血本无归，由此导致养龟产业现在进入了大幅度调整的振荡期；其次，龟产业运行层次低，特别是龟的精深加工严重滞后使得产业处于闭环状态，所以产业的可持续发展受到严重影响。如何解决这些问题，以保障产业健康、快速和可持续发展，是笔者要研究的课题。本书是由笔者的一篇学术论文修改而成，并保留了论文的基本格式。

本书首先对龟的起源、进化、龟文化和中国养龟产业的发展历程，以及产业目前存在的主要问题等进行了研究；接着对产业发展战略、产业组织与新兴产业、科学技术与技术创新等理论进行了分析；进而对中国养龟产业的现状、龟的经济价值和产业的竞争环境等进行了认真、细致的探索和SWOT分析；然后运用多种研究方法对中国养龟产业链的各个环节进行了全面和深入的探讨；最后提出中国养龟产业发展的战略指导思想和基本战略，并提出保障战略实施的具体措施建议。希望本书能为中国养龟产业的可持续发展提供指导，以推动产业从目前注重产量增长向注重质量与效益提高转变，从注重资源利用向注重生态环保转变，从注重物质投入向注重科技进步转变，从而创造更好的经济效益与社会效益。希望本书的出版可以方便广大读者从历史和产业发展有关理论的方面更好地了解中国养龟产业发展的历程与起因，同时能引起更多关于中国养龟产业发展问题的讨论和实践探索。

综观全书内容及其中有关问题的研究过程，不难看出有如下六方面的创新与突破：

❶ 开创性地对中国养龟产业发展战略理论进行研究和实践，形成了"中国养龟产业发展战略研究理论框架"。

由于中国养龟产业是一个新兴产业，目前，其发展战略的理论研究和实践还处于初级阶段，尤其是该产业发展战略的理论研究，仅有一些零星文章可见于网络和杂志，因此，本书的研究虽然是初步的，但却是开创性的，可填补国内外这一领域研究的不足，并形成了"中国养龟产业发展战略研究理论框架"，在理论上具有十分重要的价值。除此之外，它的研究成果还可为政府职能部门制定产业政策提供重要的决策依据。

❷ 创造性地提出了"中国养龟产业发展战略与措施建议"，对正处于迷茫之际的中国养龟产业具有现实指导意义。

中国养龟产业经过多年的发展和沉淀，迄今已成为一个庞大而独立的支柱产业，尤其是发展到2014年达到鼎盛期，几乎所有养龟及养龟从业人员都获得了丰厚利润，个个皆大欢喜。但从2015年年初开始，虚高的龟价开始理性下调，至2018年年底龟价更是跌破人们的预期，这导致高价位时入行的跟风养殖者损失惨重。面对目前如此低迷的龟市和跳水式变化的龟价，产业从业人员都不由自主地产生了疑惑：养龟产业究竟何去何从？在此重大转折关头和人们一片迷茫之际，本书通过系统和深入的研究，创造性地提出了"中国养龟产业发展战略与措施"，无疑对产业今后的发展有现实指导意义。

❸ 率先在业内提出"农业工业化"养龟理念，对引导行业向工业化方向迈进和走产业规模化发展道路，具有重要启示作用。

作者经反复试验和研究总结出的"工厂化养龟新模式和新技术"，以及率先在行业提出的"农业工业化"养龟理念，不仅对推动我国养龟产业结构调整和转型升级，引导产业在"省工省地、节能减排、生态环保及效益好"等框架下养殖，走农业工业化和产业规模化发展道路，从而创造更好的经济效益和社会效益具有重要现实意义，而且这也是根据我国的国情和国内外养殖业工业化生产程度越来越高的实际情况得出的结论。养龟业虽属特色高效农业，但也不可能再占用大量的土地去养殖，故走"农业工业化"和产业规模化发展道路，已是不二的选择。

❹ 进行了跨学科和多学科融合研究，汇集了各学科的知识，为读者了解养龟产业提供了新素材、开阔了新视野。

本书研究的主要内容虽属管理学范畴，但与动物科学和动物医学密切相关，也与人类医学、生物学、生态学、休闲学、历史学、地理学、地质学、哲学和文学等学科相互渗透。因而在研究过程中，除运用文献研究法、实地调查法、实证分析与规范分析法等常规研究方法外，还采用了跨学科和多学科融合研究法，这样不仅使研究的结果更可靠，还汇集了各学科的知识，为读者更好地了解中国养龟产业的发展，提供了新素材、开阔了新视野。

❺ 实现了产业有关理论运用的创新，使产业从业人员开拓了新思维。

新兴的养龟产业中，很少有人将生产、加工与销售等环节有机结合去进行系统的研究，尤其对养龟产业经济理论层面的研究更是缺乏，而本书的研究十分注重理论联系实际，不仅实现了产业有关理论运用的创新，而且深化了产业有关理论的实践与运用，从而为产业企业提升竞争优势开拓了新思维，也为产业的健康发展开辟了新思路。

❻ 本书的研究成果，有力地抨击了国内外在龟类资源保护方面的错误言论。

近年来，西方极端保护主义组织，联合我国一些所谓的"动物保护专家"，指责我国龟类人工驯养是对珍稀龟类资源的破坏，并抛出所谓的"没有买卖，就没有杀害"等不正确言论。但事实证明，珍稀龟类经过人工驯养和繁育，不但不会破坏龟类资源，反而能较快地扩大种群数量，达到更好的保护目的，从而有力地抨击了国内外在龟类资源保护方面的错误言论。

总而言之，作者衷心感谢为中国养龟产业发展而付出大量心血和做出巨大贡献的一代代养龟人，因为他们的实践是本书很多理论的源泉；也衷心感谢在本书编写过程中，为作者实地考察和调研提供过帮助的行业领导、专家及养龟同仁！

本书记录了作者近年来的一些研究成果，但这些研究成果还存在诸多不足，甚至有些观点不一定正确；加上因笔者知识水平的局限及编写时间匆忙，错漏之处在所难免。在此，敬请业界同仁和关注中国养龟产业发展的专家、教授指正。再有，本书在编写过程中引用的一些内容，在书中无法标明出处的，在此谨请原作者谅解。

此外，对中国养龟产业发展的战略问题，作者尽管花费了大量时间和心血进行研究，但仍然有很多问题还未研究透彻，作者将在今后的工作中结合自身企业和中国养龟产业的实际，继续进行研究与探索。

董燕声

2018 年 12 月 18 日

Preface   Research on The Development Strategies of Chinese Turtle Breeding Industry

China is rich in natural resources and biological resources, among which the turtle is a unique and favored by people. Especially in recent years, China's turtle breeding industry has developed rapidly, with a large scale and a large number of employees, which is the world's largest; Moreover, with the continuous improvement of material and cultural life, people's demand for health is more and more vigorous. The concept of "health is the greatest wealth" is deeply rooted in people's hearts. Therefore, the unique and irreplaceable medical and health value of turtle attract more attention from the world, which also indicates that China's turtle breeding industry has great potential for development. For thousands of years, turtles have indeed made important contributions to the reproduction of the Chinese nation and the health of the people, and have also had a positive impact on world civilization and progress.

However, with the rapid development of China's turtle breeding industry, some problems are gradually exposed. For example, a few years ago, the wild speculation and disorderly competition in the turtle market have led to industrial chaos. Bear the brunt of the turtle prices inflating and then rapidly dropping, as a result, some people become rich overnight, and a large number of raisers who follow the trend lose all their money, resulting in the industry is now entering an oscillation period of large adjustment. In addition, the low level of industrial operation, especially the turtle deep processing serious lag makes the industry in a closed loop state, but also the sustainable development of the industry is seriously affected. How to solve these problems, in order to ensure the healthy, rapid and sustainable development of the industry, is the topic that the author wants to study. That is, this book is modified from one of the author's academic papers, and retains the basic format of the paper.

This book firstly takes the turtle's origin, evolution, turtle culture and the development process of China's turtle breeding industry, as well as the main problems existing in the industry and others as the background materials to study; Then analyzes the industrial development strategies, industrial organization and emerging industry, science and technology, technological innovation and other theories; Furthermore, this book makes a careful and detailed exploration and SWOT analysis on the status quo of China's turtle breeding industry, turtle's economic value and competitive environment of the industry, etc; Then, uses a variety of research methods to comprehensively and deeply discuss the various links of China's turtle breeding industrial chain; Finally, this book puts forward the strategic guiding ideology and basic strategies for the development of China's turtle breeding industry, and puts forward the specific measures and suggestions to ensure the implementation of the strategies. I hope that this book can become a strategic guiding document for the sustainable development of China's turtle breeding industry, in order to promote the transformation of industry from the current focus on output growth to pay more attention to the quality and efficiency, from the focus on resource utilization to pay more attention to ecological environmental protection, from the focus on material investment to pay more attention to scientific and technological progress, so as to create better economic and social benefits; And facilitate readers to better understand the development process and motivation of turtle breeding industry in China from the perspective of history and relevant theories of industrial development; Meanwhile, I hope that the publication of this book will lead to more discussions and practical explorations on the development of China's turtle breeding industry.

Throughout the whole contents of the book and the research process of relevant issues in the book, it is not difficult to see the following five aspects of innovation and breakthroughs:

1. Groundbreaking research and practice on the development strategy theory of China's turtle breeding industry, and forming the "theoretical framework for the development strategy research on China's turtle breeding industry".

As China's turtle breeding industry is an emerging industry, the theoretical research and practice of its development strategy is still in the primary stage, especially the theoretical research on the industry development strategy, only a few sporadic articles have appeared in the Internet and magazines now. Therefore, although the research of this book is preliminary and superficial, is groundbreaking. It has great theoretical value to fill the insufficiency of domestic and foreign research in this field and form the "theoretical framework for the development strategy research on China's turtle breeding industry". In addition, its research results can also provide important decision-making basis for the government functional departments to formulate industrial policies.

2. Creatively put forward the "development strategies and measures of China's turtle breeding industry", which has a practical guiding significance for the China's turtle breeding industry at a time of confusion.

After years of development and precipitation, China's turtle breeding industry has become a huge and independent pillar industry, especially in the peak period of 2014, almost all turtle breeders and turtles breeding practitioners obtained huge profits, and everyone was happy. However, from beginning in early 2015, the inflated turtle price seriously deviated from its value began to be rationally lowered, and by the end of 2018, the turtle prices were even lower than people's expectations, causing heavy losses for those who followed the trend when the prices were high. Faced with such a depressed turtle market and diving turtle prices, industry practitioners have involuntarily produced a doubt: how will the turtle breeding industry develop? At a time of great industrial transition and people's confusion, this book creatively puts forward the "development strategy and measures of turtle breeding industry in China" through systematic and in-depth research, which undoubtedly has practical guiding significance for the industry's future development.

3. Taking the lead in the industry to put forward the concept of "agricultural industrialization" turtle breeding, which has an important enlightening role in guiding the industry to move forward to the direction of industrialization and industrial scale development.

Through repeated experiments and research, the author summed up the "new mode and new technology of factory turtle breeding", and took the lead in the industry to put forward the concept of "agricultural industrialization" turtle breeding, which not only has important practical significance to promote the structural adjustment and transformation and upgrading of China's turtle breeding industry, guide the breeding in the industry under the framework of "saving labor and land, energy conservation and emission reduction, ecological and environmental protection and good benefits", take the road of agricultural industrialization and industrial scale development, so as

to create better economic benefit and social benefit; And according to China's national conditions and the fact that the domestic and foreign breeding industry is more and more industrialized, although turtle breeding is characteristic and efficient agriculture, it is impossible to occupy a large amount of land for breeding. Therefore, it is the best choice to follow the path of "agricultural industrialization" and industrial scale development.

4. Conducted the interdisciplinary and multidisciplinary research, collected the knowledge of varied disciplines, provided readers with new materials and a new vision to understand the turtle breeding industry.

Although the main content of this book belongs to the category of management, it is closely related to animal science and animal medicine, also permeates many disciplines, such as human medicine, biology, ecology, leisure studies, history, geography, geology, philosophy and literature. Therefore, in the research process, in addition to the literature research method, field investigation method, empirical analysis, normative analysis method and other conventional research methods, this book also used interdisciplinary and multidisciplinary integration research method, which not only makes the research results more reliable, but also brings together the knowledge of various disciplines, provides readers with new materials and a new vision to better understand the development of Chinese turtle breeding industry.

5. Realized the innovation in the application of industrial theories and opened up new thinking for industrial practitioners.

For the emerging turtle breeding industry, before few people have systematically studied the production, processing,sales and other links, especially the research on the economic theory level of turtle breeding industry is lacking. However, the research of this book attaches great importance to combining theory with practice, which not only realizes the innovation of the application of industrial theories, but also deepens the practice and application of industrial theories, thus opening up new thinking for industrial enterprises to improve their competitive advantages, and also opens up new ideas for the healthy development of the industry.

6. The research results of this book strongly attacked the wrong views on the conservation of turtle resources at home and abroad.

In recent years, some so-called "animal protection experts" in China have been joined by western extremist protection organizations, accusing the artificial domestication of turtles in China as the destruction of rare turtle resources, and throwing out such incorrect remarks as "no sale, no killing". However, it has been proved that the artificial domestication and breeding of rare turtles will not damage the turtle resources, but can expand the population quickly to achieve the purpose of better protection, thus forcefully attacking the erroneous remarks on domestic and foreign turtle resources protection.

All in all, as this book is about to be finished, the author sincerely thanks to the generations of turtle breeders who have made great efforts and contributions to the development of China's turtle breeding industry, because their practice is the source of many theories in this book. I would also like to express my heartfelt thanks to the industry leaders, experts and turtle breeding colleagues who have provided help for the author's field investigation and research during the compilation of this book!

This book records the author's research results in recent years, but these research results still have many shortcomings, even some views may not be correct; Due to the limitations of the author's knowledge level and the compilation of time, the book's errors are inevitable. Here, please colleagues in the industry, experts and professors concerned about the development of China's turtle breeding industry correct. More, some contents quoted by this book in the compilation process, especially some contents from the network,if didn't indicate the source in the book, I hereby request the original author's understanding.

In addition, although the author has spent a lot of time and effort to study the strategic issues of the development of turtle breeding industry in China, there are still many problems that have not been thoroughly studied. In this regard, the author will combine own enterprise and the reality of China's turtle breeding industry in the future work to continue to study and explore.

Yansheng Dong
December 18, 2018

目录

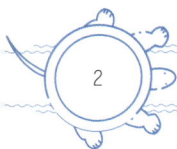

第一章 绪 论

中国有悠久的养龟历史和厚重的龟文化底蕴，这也是我国灿烂文明的见证。我们研究中国养龟产业发展战略，不能割断历史，只有清楚了解龟类历史文化的源头、脉络与发展，才能知道川流不息的历史长河能够给我们提供什么借鉴，从中可领悟到什么。我们挖掘和鉴赏龟的历史文化，不仅可以使人明智，更重要的是可追本溯源，这也是我在深入研究中国养龟产业发展战略之前，先要探索龟的起源、进化与中国龟文化等的主旨。

本章通过探索龟的起源、进化与中国龟文化等方面内容，以了解养龟从远古时代发展到今天成为一个独立的产业，在这个演化过程中与中国社会的进步、经济的发展和人民生活水平的提高等的关系与作用，在此基础上，结合目前中国养龟产业发展的具体情况、存在主要问题等作为背景材料，从中导出研究课题。

1.1 选题背景与研究意义

1.1.1 选题背景及研究问题的提出

（1）探索龟的起源与进化过程，了解现在龟类的由来

众所周知，龟鳖类是一支古老而特殊化的爬行动物，现存种类经历了漫长的演化过程，但他们的祖先究竟起源于何时，始终存在不同假说而未被最后证实。过去一直认为在南非中二叠纪（距今约1.5亿年）地层中发现的一种被称为"正南龟"的化石是最早的龟鳖类，但是1969年被英国科学家C.B.Cox所否定。证实"正南龟"不是龟鳖类，而是称为"杯龙"的恐龙，其早已绝灭。现在普遍认同的是：最早的龟鳖类化石是距今2亿多年前晚三叠纪的原颚龟（*Proganochelysquenstedti*），亦称三叠龟。就是说龟鳖类与恐龙同时代或更早。[①]

龟在演化过程中遭遇了导致恐龙灭绝的那种大灾难后，仍有部分幸存下来并繁衍至今，可见古老的龟大难不死，适应能力强，这是龟类长寿的遗传基础，也是人们崇尚龟的原因之一。

上述的原颚龟1981—1982年在德国被发现，在泰国也有。1978年美国亚利桑那州东北部发现的一种龟化石，被认为是距今1.85亿年前的侏罗纪最古老的"隐颈龟类"的代表，比原颚龟晚。根据龟化石的年代推断，在中生代晚期，原颚龟类发展成为两个类群，即侧颈龟类和曲颈龟类，然后演化成为现代的各种龟类。也即现在的龟源自原颚龟。

在古代遗存的龟化石中，有一种产自澳大利亚洛德豪岛更新世（经^{14}C测定，距今约2万多年前）的宽头小角龟（*Meiolania platyceps*），其脚和趾都短粗，趾端宽，爪扁，方便挖掘，故有学者认为这是陆生龟类。但这种龟不知何时、何种原因从地球上消失了。还有一个盛产陆龟的名岛——加拉帕戈斯群岛，这里是著名加拉帕戈斯巨龟的主要栖息地。该岛东距南美大陆约1 000千米，陆地面积约7 500平方公里，是百万年前水下火山连续喷发所形成的。早在1835年9月15日，达尔文乘坐贝格尔号船舰来到加拉帕戈斯群岛考察，发现这里的巨龟漫山遍野，是名副其实的"龟岛"，而"加拉帕戈斯"一词，西班牙语就是龟的意思。这里的龟不仅多，而且很大，最大的雄龟身长1.5米，体重一般250～300千克，甚至有的重达400千克。但由于近一个多世纪以来的疯狂捕杀，这里的巨龟充其量也只有2万～3万只

---

① 吴遵霖，曾旭权．中华龟鳖文化博览[M]．北京：中国农业出版社，2007．

了。为此，厄瓜多尔政府宣布此群岛为国家公园，禁止人类滥杀巨龟。[1]由此可以看出人类对龟的生存和繁衍有着很大的影响。

（2）中国是研究龟演化最早和最先进的国家之一

龟化石是研究龟起源与进化的依据。据调查，中国发现的龟化石十分丰富，迄今的纪录有9科31属80种，包括现存的3科6属4种。中国龟化石历史悠久，并且有完整、连续的地史纪录，此为世界少有，由此说明，中国是研究龟类起源与进化最早的国家之一。[2]

中国最早记载龟化石属与种的是著名动物学家秉志，1929年，他在河南淅川发现中国厚龟（*Sinohadrianus sichuanensis*）化石，地质年代为始新世晚期（距今约4000万年）。此后，中外学者陆续发现大批古龟鳖化石，并且把古龟鳖学纳入由我国著名古生物学家杨钟健创建的古脊椎动物学研究范畴。中国科学院古脊椎动物与古人类研究所叶祥奎教授及其他学者一直多年从事此项研究，使我国在此研究领域跻身世界先进行列。[3]

据记载，在中侏罗纪年代（距今约1.5亿年）中国的龟类已很繁盛，那时四川、新疆都有属种分布。特别是四川自贡的大山铺，已发现20余件与恐龙化石同产的龟化石标本。

1953年，杨钟健、周明镇等把四川沿成渝铁路沿线发现的龟化石定为成渝属及其属型种似贝氏成渝龟，并发表了《四川中生代爬行类动物的新发现》重要论文。文中记述了化石龟类3科4属6种，所处地质年代为中侏罗纪，与恐龙、鳄类化石同时期。成渝龟甲壳上最大的特点是具有"中腹甲"，是比较原始的一个特征。后来在新疆也发现具有中腹甲的龟化石，但其甲壳上某些特征与成渝龟有别，故被命名为准噶尔新疆龟新属种，为中侏罗纪或晚侏罗纪早期。"到了晚侏罗纪（距今1.4亿年前），龟类发展已十分繁盛，享有世界性的分布。这时，中国已知3科，其中以蛇颈龟科的种类最多，其次是中国龟科。"[4]

1953年，中国科学家杨钟健和周明镇将在四川成渝线发现几件蛇颈龟化石标本，划入蛇颈龟科的三个新种，成了蛇颈龟科除欧洲外的首次纪录。另外，他们还发现另一种居晚侏罗纪的龟化石，也被定为蛇颈龟科资阳天府龟。此后，我国古龟鳖学家叶祥奎又在四川发现了大足、广安及井研三个蛇颈龟新种，在云南也发现峨山蛇颈龟新种，并于1963年建立了中国龟属与满洲龟属。此外，学者们普遍认为广东茂名始新世地层出土的"茂名无盾龟"化石是龟类，为一灭绝属，归隐颈龟亚目，两爪鳖科，无盾龟属。中国除茂名外，已知的还有蒙古无盾龟、满洲无盾龟、岭南无盾龟和山东无盾龟等，可见，这一龟类当时在我国已有广

---

①④董燕声，高拥军.龟舟博辑[M].吉林：吉林文史出版社，2018.

②③吴遵霖，曾旭权.中华龟鳖文化博览[M].北京：中国农业出版社，2007.

泛的分布。[①]

　　作者曾于2018年年底回家乡茂名市及其辖下的高州市等地考察、调查。据高州市博物馆有关资料介绍：距今6 500万年前，从现在高州西部的镇江镇起，经过石鼓镇，至泗水镇、分界镇的西部，一直延伸到茂名市茂南区的金塘镇和电白县的羊角镇等地平原地带，是一个望无边际的带状湖泊，湖中生活着龟鳖、螺蚌类等生物，湖岸上树木葱郁，枝繁叶茂，一派生机盎然的南国风光。后来由于地壳的变动，地表面逐步上升，原来一望无际的湖泊，终于变成了河流纵横的平原盆地，那些生长在湖中的龟鳖等动物，便成了今天的珍稀化石（图1-1）。

　　博物馆的动物中，还有长鼻类的东方剑齿象，纳马象；有食肉类的狗、黑熊；有偶蹄类的野猪、鹿、羊；还有灵长类的古猴、猩猩、猕猴等。后来由于地球上出现第四纪的冰川期，古生物适应不了气候的变化而灭亡，便形成了各种动植物化石（图1-2）。1958年在建设高州水库时，在工地上便出土了数件纳玛象牙化石最有代表性（图1-3）。

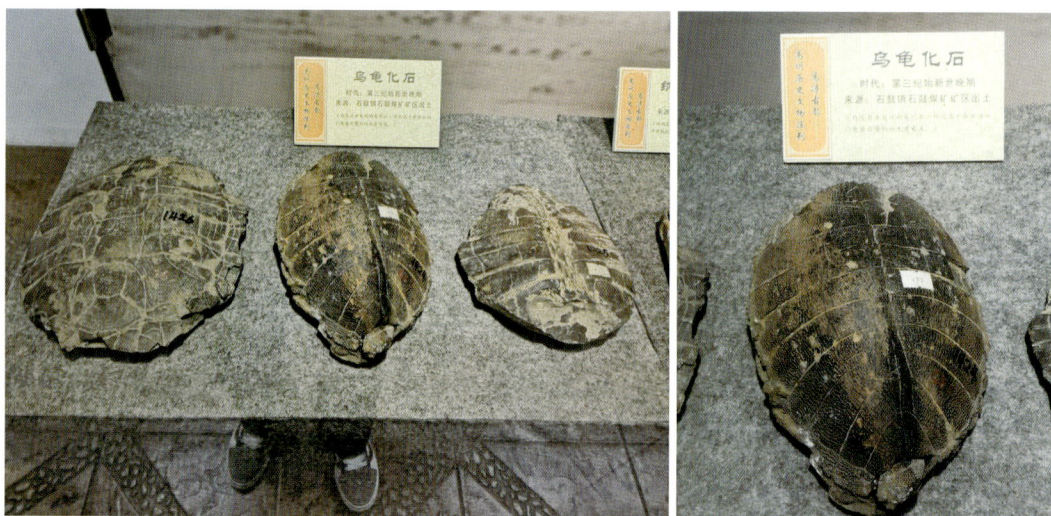

图1-1　乌龟化石（时代：第三纪始新世晚期；出土：高州市石鼓镇石鼓煤矿矿区；图片来源：作者于高州市博物馆拍摄）

　　我国白垩纪的龟类也很丰富，有南雄龟科、泥龟科和鳖科，以及归属不明种。1966年叶祥奎教授建立南雄龟科，以乌径南雄龟为代表。该化石标本背甲长970毫米，年代为晚白垩世。而泥龟科的有北山龟属与蒙古龟属，此外，我国新生代的龟化石更为丰富，有泥龟科、龟科

---

①董燕声，高拥军. 龟舟博辑[M]. 吉林：吉林文史出版社，2018.

图1-2　各种动物化石（图片来源：作者于高州市博物馆拍摄）

图1-3　纳玛象牙化石（图片来源：作者于高州市博物馆拍摄）

与陆龟科。广东南雄发现的南方蒙古龟、浈水湖口龟及浙江常山发现的陆龟新种，距今4 000万～6 000万年的新生代，分别属泥龟科与陆龟科。1930年，瑞典学者维曼（C. Wiman）在研究我国山东蒙阴宁家沟（今隶新泰县）的一批龟化石时，发现3个新属种，其中以圆镜中国龟（*Sinemys lens*）标本最多，保存最完好，也最具科学意义。有学者1957年收到鄂尔多斯钻探队寄来的一件标本，在一块岩石上同时保存了龟、鱼化石。经鉴定，龟为圆镜中国龟，鱼为师氏中华弓鳍鱼（*Sinamiazdanskyi*）。据称，标本产自甘肃环县合道川，时代为晚侏罗世或早白垩世（距今1亿多年前）。此学者前往山东新泰中国龟原产地考察，同样获得一件龟、鱼同时保存在一块岩石上的标本，龟也是圆镜中国龟，鱼也是师氏中华弓鳍鱼。[①]

2008年11月27日的《自然》（*Nature*）杂志上，其中的《来自中国西南晚三叠纪的龟祖先》一文，改变了人们关于龟演化的传统观念。一批原始龟类化石，被中国科学院古脊椎动物与古人类研究所李淳及其同事在贵州省关岭布依族自治县的晚三叠纪早期地层发现。这些化石龟具有细密的牙齿和雏形的甲壳结构，故被命名为半甲齿龟（*Odontochelys semitestacea*）。通过测量所属地层年代，可以确定半甲齿龟化石形成于2.2亿年前。这一发现不仅一举将龟类的历史向前推进了1 000万年以上，更重要的是初步解开了"龟甲是如何形成的"这一科学谜团。[②]

（3）龟文化与养龟业的发展有相互促进作用

龟文化是中华民族特有的文化，在5 000多年中华文明史漫长的进程中，饱含"天人感应""阴阳五行"等传统观念的中国龟鳖文化很自然地渗透到丰富的文学艺术宝库之中，尤

---

① 吴遵霖，曾旭权. 中华龟鳖文化博览[M]. 北京：中国农业出版社，2007.
② 周婷，李丕鹏. 中国龟鳖分类原色图鉴[M]. 北京：中国农业出版社，2013.

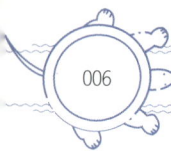

其对汉文字学、传统人文科学和艺术等方面起到重要的传播与丰富积淀作用。自古以来，我国人民就对龟情有独钟，古代有"麟、凤、龙、龟四灵"之称，麒麟、凤凰、龙都是人类臆造之物，唯有龟在自然界中真实存在。古人对龟之所以崇拜，是认为龟能知过去和未来，故用龟来占卜，而且形成了"甲骨文"。龟文化历史源远流长，这为中国养龟产业的发展奠定了坚实的基础。[①]也即龟文化对中国养龟业的发展有促进作用。

翻开我国的传统文化典籍，可以看到许多与龟有关的神话故事，如女娲补天神话中的"断龟足以立四极"，老幼皆知的大禹治水中的"玄龟负青泥于后"等，不胜枚举。[②]也即龟与中国的文化有着密切的关系。如在殷商时期，人们将占卦的内容刻于龟板上，从而留下了"甲骨文"，迄今历史学家还根据甲骨文来知晓上古的故事。

上面所说的甲骨文起源于"龟卜"，即刻在龟甲或兽骨上，用于占卜的中国最古老的文字。"龟卜"在3 000多年前的商代已经通行，又称"契文""卜辞""龟甲文字"和"殷墟文字"等。在清光绪二十五年（1899年），古文字学家王懿荣首次在河南安阳小屯村出土的商代殷墟龟甲上，发现了这种契刻文字，比西周金文还要早几百年。清官刘鹗还从各地收买的5 000多片有文字的甲骨中，挑选了1058片编辑为《铁云藏龟》一书，这是甲骨文的第一部著录书。[③]

据有关资料介绍，截至目前，已出土刻有"甲骨文"的甲骨片已达15万片以上，约5 000多单字，其以象形、假借、形声等为主要造字方法，有名词、代名词、形容词和动词等，已是一种较为成熟的汉文字，后来逐步演化成为"钟鼎文"及以后的多种"字体"，虽然现在还有1 000多单字尚未能解读，但自从出现"甲骨文"后，华夏民族就有了自己的语言。"甲骨文"不仅记录了占卜内容，而且真实记录殷商社会各个领域的历史和汉字的发展状况，弥补了后世史学家研究文献的不足，纠正了史书中的一些讹误，印证了某些正确的史实，为后世研究殷商时期历史文化提供了宝贵材料和重要凭证，也使甲骨文的研究成为史学与考古学的分支学科之一，也为世界上最多人使用的汉文字学的发展与传播奠定了良好基础。由此可见，"龟甲骨文"的出现，大大加快了中国文明史的进程，在此过程中龟是功不可没的。

龟文化还渗透到中国古代哲学之中。从战国开始，中国古代哲学的阴阳五行学说就已兴起，它最早把宇宙物质概括为金、木、水、火、土五种基本元素。龟代表着元素中的"水"，还表示着颜色中的"黑"，占据着方位上的"北"，象征着品德中的"智"等，龟已成为先行先知的灵物。同时古天文学家曾把星星划分为二十八星宿，东西南北分属青龙、白虎、朱

①中国渔协龟鳖产业分会. 中国龟鳖[J]. 2016，6（5）.
②③董燕声，高拥军. 龟舟博辑[M]. 吉林：吉林文史出版社，2018.

雀、玄武,而玄武就是乌龟。[①]中国"阴阳五行"深刻影响到中华传统文明的方方面面,在几千年前形成的这一理论体系是朴素辩证思想的具体体现,为中国传统中医中药学、人体科学、农历物候学及传统农业等,提供了理论依据及重要参考。

此外,龟的食用与药用文化广为流传,龟的独特药用价值更成为人们大力发展养龟业的主要原因之一。自古以来中华民族就将龟视为高级补品和食疗佳品,在人类漫长的进化过程中,民间常以龟入药,并与各种中草药配伍服用,不但增强了人们的体质,而且治愈了许多疾病,消除了很多疑难杂症,因而人们对龟入药进行实验并收集案例著书立说等,成为民间龟文化的一大特色,如《神农本草经》《本草纲目》《医林纂要》《名医别录》《药性论》《临证指南医案》《本草正宗》《本草求真》等古籍名著,都对龟的食用和药用价值作了详细记述。其中中国第一本药物专著《神农本草经》对石龟的药用就记述为:"主漏下赤白,久服轻身不饥。"而明代著名药物学家李时珍也在他的《本草纲目》中说:"石龟能通任脉,故取其甲以补心、补肾、补血,皆以养阴也。"因此,中国有不少居民将石龟作为防治肿瘤的健康食品;东南亚及欧美等地居民不但喜欢食用石龟防病抗癌,而且还喜用石龟排毒养颜、保健抗病、治疗癌症及延年益寿等。可见中国龟的食用和药用历史悠久,龟对人类的健康有重要作用。

另外,中国及很多西方国家将龟作为宠物饲养的历史也很悠久。正是因为龟具有很高的观赏、食疗和文化传承等多方面价值,才促进了养龟业的发展,并使养龟成为一种休闲职业。而龟的形态可爱、性情温顺、容易养殖和对人没有危险性等特点,近年来,更使其成为一种异宠(即另类宠物),越来越受到中国、欧美及日本等地居民的喜爱,由此也打破了"猫、狗、鸟、观赏鱼"等的传统宠物市场格局,使养龟进一步丰富了休闲文化的内涵,同时不断发展的休闲文化又推动了养龟业的发展。

中国现在所养的龟是由"原颚龟"经过漫长的演变与进化过程而形成的。在这个过程中,中国人民围绕着龟这个古老而灵异的动物,在政治、经济、文化和科学技术等方面,做了大量卓有成效的工作,为今天中国养龟业的发展奠定了坚实基础。而龟的出现则对推动中国政治、经济、文化和科学技术等的发展又发挥了重要作用,大大加快了中华文明史的进程,尤其是近年来中国养龟产业的迅速发展,更进一步丰富了中华民族的历史文化、产业文化和科学文化,并为保护这些濒危的龟类物种提供了丰富的经验和种源基础,也为今后中华民族文化的传承和科学研究提供了种源保障。

①董燕声,高拥军.龟舟博辑[M].吉林文史出版社,2018.

（4）中国养龟业近年发展迅速，现已成为一个新兴产业

综上所述，中国民间养殖和利用龟的历史悠久，龟文化也源远流长和博大精深。但中国养龟业真正起步还是在20世纪80年代以后，而且得到快速发展还是最近10年，尤其在广东、广西和海南等省区发展迅猛，养龟业已成为这些省区经济发展和人民致富的一项重要产业。

据广东省电白区沙琅镇镇长周兴华介绍："沙琅养龟业始于1982年，经过30多年的积累，现已打下了厚实的产业基础。2015年，沙琅镇龟业产值已达8亿多元，2017年，该镇龟鳖养殖户达8 000多户，平均户年收入30万元左右，其中年收入超千万元的大户有二三十户。"① 目前，沙琅镇已成为全国龟交易的主要集散地和龟市场的风向标，吸引了海内外大批客商前来参观和洽谈业务，也使沙琅镇成为名副其实的"中国养龟第一镇"和"中国石金钱龟之乡"。②

另据报导，广西壮族自治区扶绥县中东镇的三哨村，至2016年年底，全村共1 546户人家，养殖龟鳖的就达1 217户，龟鳖养殖业遍布整个三哨村。2016年，全村龟鳖养殖数量达66.8万只，全年龟鳖养殖产值达8 000万元，户均年产值6.5万元，龟鳖产业已发展成为三哨村的支柱产业，为中东镇经济、社会发展起到了极大的促进作用。由此，该村于2017年4月18日被中国渔业协会龟鳖产业分会、全国龟鳖行业科学技术委员会和全国名龟产业保护委员会授予"中国养龟第一村"荣誉称号。③

此外，截至2016年年底，江西省南丰县有龟鳖类养殖单位720家，龟鳖养殖公司7家，渔业专业合作社38家，参与生产的农户高达2 000户。全县龟鳖产业经济总产值实现10亿元，年亩均收入高达4万元，取得了显著的经济效益和社会效益。在南丰县2016年出台的《南丰县龟鳖产业百亿工程规划》中指出：2025年全县龟鳖类养殖户数将有1 500户，参与户数3 000户，龟鳖产业总投入20亿元，池塘养殖面积4万亩，④稻莲综合养殖商品龟鳖面积6万亩，实现全县龟鳖产业渔业经济总产值60亿元，创立龟鳖深加工园区、市场交易中心和相关产业，创建龟鳖食品类、保健品类、药用类品种品牌，打造南丰龟鳖产业百亿工程。目前，龟鳖养殖业已成为南丰县经济发展和人民致富的支柱产业。因此，全国龟鳖行业评审组委会于2017年4月16日，授予江西省南丰县"中国龟鳖之乡"和南丰县太和镇"中国龟鳖良种第一镇"荣誉称号。⑤

① 广东农业信息网. 茂名沙琅投资60亿元建"金龟小镇"[Z]. 2017.
② 中国渔协龟鳖产业分会. 中国龟鳖[J]，2017，1（5）.
③ 中国渔协龟鳖产业分会. 中国龟鳖[J]，2016，6（10）.
④ 亩为非法定计量单位，1亩=667平方米。——编者注。
⑤ 中国渔协龟鳖产业分会. 中国龟鳖[J]，2016年，6（10）.

（5）根据中国养龟产业目前存在的问题，提出研究课题

中国养龟业近年发展迅速，迄今已成主养区经济发展和人民致富的新兴产业。在这个产业快速发展的同时，也出现了一些比较严重的问题，如产业市场的狂热炒作和无序竞争，导致产业乱象丛生，最主要的是龟价先虚高后跳水式跌落，使得一部分从业人员一夜暴富，也使得一大批跟风养殖者血本无归。如全国养殖数量最多，成为龟市风向标的石金钱龟，其苗价就由2014年的750~780元/只，下跌至2018年的18~30元/只；8年以上的石金钱种龟价格也由2014年的6 400~7 000元/kg，跌落到2018年的200~300元/kg。其他名龟价格的变化也一样，由此使养龟产业过早地进入了微利时代，也使产业的发展速度放慢。此外，养殖技术缺乏、龟深加工综合利用滞后、龟类产品科技含量不高及政府职能部门监管不到位等，也影响了产业的发展。因此，如何抢抓机遇和解决存在问题，以保障中国养龟产业健康、快速、可持续地发展，就成为本文研究的课题。

此外，作者的选题《中国养龟产业发展战略研究》，还基于如下两方面原因：

一是作者任董事长的珠海康益达企业开展的业务和担任的社会职务，均与养龟产业密切相关。如康益达企业4个生产厂（图1-4）及其6个附属机构（图1-5）开展的产品生产与销售、养殖技术培训、科学研究、养殖技术示范与推广等业务，均以龟鳖为主。现本企业是全国龟鳖健康养殖技术协作委员会主任单位、中国渔协龟鳖产业分会副会长单位等（图1-6）。而本企业的龟类繁育研究中心和生态健康养殖综合试验示范基地，还分别被国家有关单位评审认定为全国龟鳖物种微型保护区和全国绿色水产产业示范基地（图1-7）。本企业目前已成为中国龟鳖行业业务配套功能最齐全的企业，近年来在龟鳖行业也获得了多项国家级奖励（图1-8）。

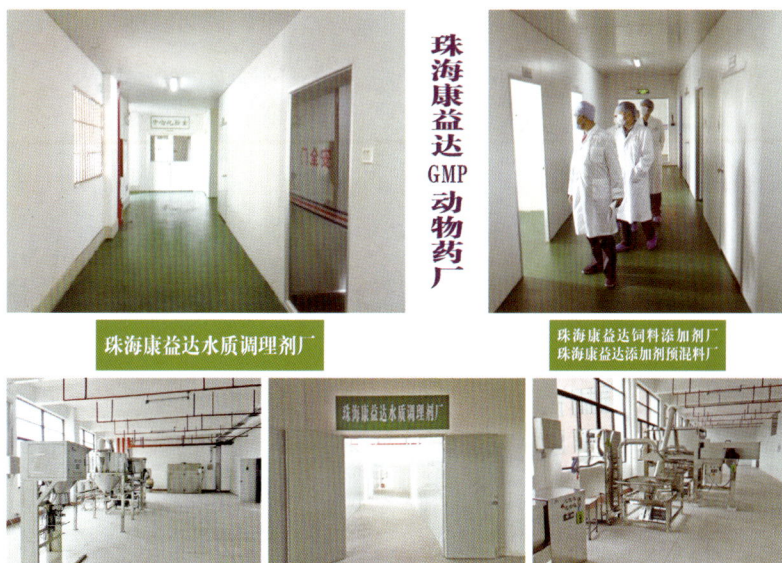

图1-4 康益达企业4个生产厂

图1-5　康益达企业6个附属机构

图1-6　康益达公司在龟鳖行业担任的国家级社会职务

图1-7　康益达龟类繁育研究中心和生态健康养殖试验示范基地（150多亩），分别被认定为全国龟鳖物种微型保护区和全国绿色水产产业示范基地

图1-8 康益达企业及作者在龟鳖行业获得的主要奖励（部分）

二是作者现任的各种社会职务和从事的工作，均侧重于龟鳖产业。如作者现任中国管理科学研究院管理名师大讲坛首席生物技术专家、《中国龟鳖》杂志编委会常务副主任、全国龟鳖健康养殖技术协作委员会主任、中国渔协龟鳖产业分会副会长、广东省龟鳖养殖行业协会副会长、广西钦州市石金钱龟协会首席专家、茂名市沙琅龟鳖行业协会名誉会长、珠海市龟业研究会名誉会长、首届（广州）宠物中医交流会讲师团特邀专家（讲授养龟技术）、第三届上海龟谷展大讲堂特聘讲师、第八届华南小动物医师大会特邀学术讲师（讲授养龟技术）（图1-9）等；而本人于2015年发表的《应用生物技可少换水把龟养好》论文[①]，被业界认为是对传统养龟业的一次颠覆性技术革命。本人也被业界认为是中国龟鳖养殖技术专家。

---

①中国渔协龟鳖产业分会. 中国龟鳖信息[J], 2016，（1）40-43.

图1-9 作者在龟鳖行业承担的主要社会职务（部分）

1.1.2 研究的目的和意义

本书对中国养龟产业进行了系统和深入的研究，目的在于找出一条适合中国养龟产业发展的正确道路，以推动中国养龟产业从目前注重产量增加向注重质量与效益提高转变，从注重资源利用向注重生态环保转变，从注重物质投入向注重科技进步转变，并促进中国养龟产业结构调整和转型升级，进而创造更好的经济效益与社会效益，以及使中国养龟产业实现健康、快速、可持续发展。

中国养龟业是一个新兴产业，目前，对其进行经济分析与发展战略的研究，仅有一些零星文章可见于网络和杂志，国内和国外尚无深入、系统的研究，尤其是理论层面的研究更是缺乏深入和细致的研究。因此，本文通过深入、系统和详细的研究，探索养龟产业内在的发展规律和可持续发展的战略措施，对填补国内外这一领域的研究不足，形成"中国养龟产业经济与发展战略理论研究框架"，具有十分重要的学术价值。此外，通过对中国养龟产业的经济分析和发展战略研究，我们可以理清这个产业在养殖、销售、加工、利用等环节的发展现状、存在问题和发展前景，进而提出切实可行的发展战略建议，为政府职能部门制定产业相关政策提供科学的决策依据，还可以为广大养龟从业人员开展生产和经营活动提供科学的理论指导，这些都具有重要的实践意义和深远的历史意义。

1.2　研究的主要内容和思路

1.2.1　研究的主要内容

本文在对中国养龟产业中的养殖、销售、加工利用、资源配置及产业发展前景的研究过程中，重点以养殖技术和模式创新、养殖管理创新、产品与销售创新、产品质量监控、养殖环境保护、产业转型升级、产品品牌运作、人才队伍建设、龟文化挖掘和发展战略措施等为研究主要内容。

1.2.2　研究的思路

本文通过全面、翔实地收集相关资料，提出研究主题，在加强调查研究并充分注重理论联系实际的基础上，立足对中国养龟产业的历史演变、产业的现状、产业发展的优劣势、机遇与挑战、产业链中各个环节的科技创新、产业资源的合理开发与有效利用、产业未来的发展前景等进行系统和深入的研究，为制定中国养龟产业发展战略措施提供科学依据，力争为中国养龟产业发展提供指导。

第二章　研究方法和研究技术路线

　　研究方法是人们分析客观经济现象变化、运行及其内在规律和发展趋势的一种思维方式与视角，是实现研究目的的基本手段。从方法论看，本文以科学发展观为指导，以促进养龟产业全面可持续发展为目标。从具体研究方法看，主要有文献调查法、实地调查法、跨学科研究法、实证分析法与规范分析法四种。

　　研究的技术路线则根据研究课题的主要内容、研究思路、研究方法和研究目标等方面而制定。

2.1　研究方法

2.1.1　文献调查法

（1）文献和文献调查法的涵义

"文献"是记录有关知识的载体，是指把人类知识用文字、图形、符号、音频和视频等手段记录下来的所有资料，包括图书、报刊、学位论文、档案、科研报告等书面印刷品，也包括文物、影片、录音、录像、幻灯片等实物形态的各种材料，以及计算机使用的磁盘、光盘和其他电子形态的数据资料等。

"文献调查法"则是一种古老的科学研究方法，是在历史研究的领域里逐渐形成的一种相对独立的方法，是历史研究法中最基本、最常用的一种方法，也是其他研究方法的基础；它不与研究对象直接打交道，而是间接地通过查阅各种文献资料获得信息，故一般又称为"非接触性研究方法"。

（2）文献调查法是研究本课题的方法之一

作者采用文献调查法收集、鉴别和整理与龟有关的各种文献资料，并通过对文献资料的研究与分析，形成对中国养龟产业的科学认识，进而探索适合中国养龟产业的发展战略。由于中国养龟产业是一个新兴产业，所以该产业发展战略的相关理论研究，目前仅有一些零星文章见于网络和杂志，而对其进行系统和深入研究的文献几乎没有。但关于产业（企业）战略管理、产业组织与产业发展等理论的中外文献却很多，如钱德勒的《战略与结构：工业企业史的考证》、安索夫的《企业战略》、安德鲁斯的《公司战略思想》、迈德尔·波特的《竞争战略》、泰勒尔的《产业组织理论》、卢福财和吴昌南的《产业经济学》等；另外，直接记载龟的药用、食用和历史演变等古典名著也不少，如《神农本草经》《本草纲目》《医林纂要》《名医别录》《药性论》《临证指南医案》《山海经》等（图2-1）；近

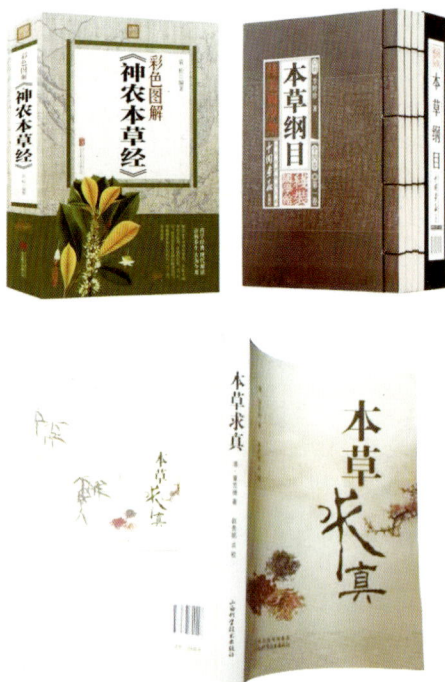

图2-1　中国医学古典名著

年来，记录与龟有关的书籍、杂志和文章也越来越多，如《龟舟博辑》《中国龟鳖》《龟鳖动态》《龟鳖商情》《龟鳖生态健康养殖技术》《省工节水养龟新技术》和《龟脂肪病继发感染症的诊断与防治研究》等著作、杂志、技术资料及论文等（图2-2）。这些都是作者研究中国养龟产业发展战略需要利用和参考的文献。

文献资料不仅对人类社会历史文化的研究有重要价值，而且对中国养龟产业发展战略的研究也有重要作用。正是由于我们站在前人的肩膀上，吸收和借鉴了前人的研究成果，人类社会和中国养龟产业才能发展得如此迅速。而文献调查也是任何学科和任何研究工作的必要阶段。因此，作者在进行"中国养龟产业发展战略研究"时，也进行文献调查研究，以了解和掌握龟的起源、进化、经济价值、养龟产业发展情况与研究动态，以及前人和他人已经取得的研究成果等方面的信息。

笔者采用文献调查法对已发生和已结束的，并与龟有关的事件进行间接性调查研究，同时，结合目前中国养龟产业的实际情况进行综合分析，由此确定研究课题，以此保证研究建立在科学的基础之上。研究工作是从预料的相互关系开始，通过收集文献资料，得到原始的观念和概念，然后进行研究，从中获得研究结果和新的发现，再将其转变为新的概

图2-2 龟鳖类部分著作、杂志和技术资料

念，从而使其得到解释和扩展。查阅文献资料，可发现已经证明重要或不重要的变量，避免重复。

由于每个人的亲身实践和经验总是受到时间和空间的限制，所以无法亲历前人的生活，也不可能直接观察、了解前人的思想内容。即使是同时代的人和事，也因经费、时间等因素所限，研究者无法对研究对象进行研究。例如我们在研究龟是否有食疗价值时，就有必要查阅《神农本草经》和《本草纲目》等古典医学名著，以了解古代人食用龟进行保健和防治疾病的效果和体会，然后再结合现代科学实验和临床医学实践等情况，最终对龟的食疗价值作出比较科学的评价。

（3）本文采用的文献调查法的优点和不足

一般文献资料的真实性都比较高，因为文献作者是将当时发生的事件自然、真实地记录下来的，而且现代研究者在收集资料过程中，也不可能与文献作者直接接触，所以不会受到文献作者言行的影响而使收集来的资料发生变化。此外，文献调查法与实地调查法相比，文献调查法具有方便、自由和费用低等优点，只要查到文献，就可随时随地地进行研究，不受研究对象、研究场所和研究情景等因素的限制。同时，文献调查法便于对调查对象作纵向分析，例如我们要研究龟的起源、进化和中国养龟产业形成过程等方面的情况，不可能在时间上倒退到古代或养龟产业形成之前去调查当时所经历的人和事，只能依靠查阅与龟有关的各种文献资料来研究。因此，文献调查法对本文的深入研究与分析有很重要的作用。

但文献调查法也有局限性。因为文献大多是以文字的形式记载下来的，其完整性和真实性与文献撰写人的教育程度和主观意识等有关，而且由于历史的局限性、时代特征和不同阶级的烙印等，都会不可避免地反映在文献中，从而使某些文献的内容与客观事实存在一定差距，甚至有些个人文献受私人利益或声誉等原因的影响，常常有夸大、偏袒甚至捏造等现象，所有这些都会对文献的信任度产生影响，而我们这些现代研究者是无法控制这些因素的，这就需要我们在应用与参考时，注意鉴别和选择。此外，文献收集也有一定难度，如一些政府机关的文献和档案材料由于保密的原因而不能借阅，一些未公开发表的文献如果没有当事人的许可也不能使用，再有像中国养龟这个新兴产业，对其发展战略理论进行全面、深入研究的文献几乎没有，这样就造成了可查阅的文献不足。

（4）作者采用文献调查法分三步进行

①文献收集。作者首先根据"中国养龟产业发展战略研究"这个课题的性质和范围，确定搜集文献的类别和方法，接着通过查阅与研究课题有关的国内外各种文献资料，了解其

概况、特点及获取的方法，然后将与研究课题有重要参考价值的文献资料筛选出来并集中保存。

正常情况下，与"中国养龟产业发展战略研究"有关的文献类别一般有书籍（包括专著、教科书及科普读物等）、期刊（包括杂志、集刊、会刊及文摘等）、论文及学术报告（包括学术论文、学位论文、学术报告及学术会议论文集等）、政策法规（是政府发布的公文资料，即包括某一时期官方发布的方针、政策、制度、法规等。这些资料具有政治上的严肃性、理论上的准确性和数据上的可靠性）、电子信息资料（因特网的普及，使网上资料越来越丰富，笔者通过计算机上网搜集研究所需的资料，以及进入国内外的著名大学、研究机构及图书馆的信息系统内，获取研究所需的最新信息）。

此外，文献积累也是文献收集的一方面工作，即每一个研究课题都需要汇集和积累一定数量的文献资料，而每一个课题的研究过程也是一个新文献资料的积累过程。作者在研究中国养龟产业发展战略的过程中，积累了大量的文献资料，且内容比较全面。

②文献鉴别。作者完成文献收集后，即开始对文献进行鉴别。文献鉴别的方法有"外审法"和"内审法"两类，这两类方法笔者都有用到，而且还采取交错复核的方法进行鉴别，以去伪存真和尽可能提高所收集文献资料的质量。

③文献整合与分析。文献资料鉴别完后，作者接着对文献进行整合。即对已掌握的文献进行分析、综合、比较和概括，以形成对事实本身的科学认识。在进行文献整合时，作者首先将各种文献资料转化为可读的书面材料；然后根据文献的结构和从属关系进行分类；进而按照文献相互间的逻辑关系和研究需要将其排序，并按照顺序、类别和主题等，形成资料索引系统；最后运用辩证唯物主义和历史唯物主义的原理，对文献资料进行分析、研究，即从当时当地的社会历史出发，尊重历史事实，客观地对收集到的文献进行分析和取舍，并创造性地进行思维加工，从而形成对中国养龟产业发展情况的科学认识。

综上所述，在本课题的研究过程中，采用文献调查法查阅有关文献资料，跟踪和吸收国内外最新研究成果，及时了解课题研究的理论、手段、方法及研究动态，从而为本课题的研究提供丰富且有说服力的依据，也使自己的研究建立在可靠文献资料的基础上。而且经过查阅、分析文献资料，掌握与本课题有关的大量信息，了解前人在中国养龟产业这个领域已经做了什么，还有什么未做，从而使自己的研究避免重复。由此可见，文献调查法对科学研究十分重要，也是很常用的研究方法之一。

2.1.2　实地调查法

（1）实地调查法的概念

实地调查法是一种通过实地考察搜集有关社会问题或现象的资料，并运用科学的统计方法予以分析研究，以明了情况，弄清问题，提出调查结论和建议的研究方法。实地调查是在社会实际生活中进行的，它既不能像生物学家那样把动物放在笼子里进行与外界隔绝的控制实验，也不能像文献研究那样以图书和资料为依据。但是尽管如此，从事实地调查的研究者可以通过对系统资料收集程序的研究设计，使研究达到近乎可控制的程度。在传播研究中，实地调查方法被公认为是对受众进行研究的一种最重要、最有效的方法[1]

（2）实地调查法是本课题的主要研究方法

在中国养龟产业发展战略的研究过程中，作者主要采用实地调查法前往全国各地龟类主养区进行实地考察、调研和搜集与研究课题有关的各种资料。作者利用自己的《中国龟鳖》杂志编委会常务副主任等身份的有利条件，深入到上海、江苏、浙江、江西、湖北、湖南、安徽、广东、广西、海南等省市有养龟的各个地区，实地考察了有代表性的龟鳖养殖协会、各种龟类养殖企业（场）、不同养殖模式的龟场、龟类生产资料（种苗、饲料、兽药、养殖器具）供应企业、龟类加工企业、龟类经销者、有龟类买卖的农贸市场和花鸟鱼龟宠物市场等共80多个地方，访谈了众多养龟从业人员，并和珠海康益达商学院"国家水生生物病害防治员（即全国龟鳖养殖新技术）职能技能鉴定培训班"的学员，共2000多人进行了交流（作者为康益达商学院院长和培训班的主讲老师）。同时，通过参加全国各地召开的龟鳖技术研讨会、龟鳖论坛、龟鳖博览会、龟鳖展销会和各级龟鳖协会的会议（图2-3至图2-26）等，充分了解了目前中国养龟产业发展的实际情况，获得了大量第一手可靠材料，并通过对这些材料的分析、研究，结合对产业的发展进行SWOT分析，从中找出中国养龟产业发展存在的问题和机遇，为制定适合中国养龟产业发展打下了良好的基础。

（3）对收集到的资料进行整理和分析

实地调查结束后，笔者接着对收集到的访谈笔记、照片、录像和录音等各种原始资料进行检查和整理，去掉那些与本研究课题关系不大的资料，将那些与本研究课题有密切相关的资料保存下来，并进行认真的审核，以去伪存真和填补缺漏，力求使保留下来的资料完整、可靠、具有典型性；然后对资料进行分类、汇总和分析。笔者利用定量分析法，对近年

① 刘建明，王泰玄，等. 宣传舆论学大辞典[M]. 经济日报出版社，1993.

图2-3　2012年12月18日上午，作者应广西钦州市水产畜牧局和钦州市水产技术推广站的邀请，在该市高岭酒店举办的"钦州市龟鳖养殖技术培训班"上，讲授了"龟鳖生态健康养殖及龟病防治技术"课程（图❶与图❷）。培训结束后，还应邀到杨军先生（图❹右2）、张作英女士（图❺左1）和洪志伟先生（图❽右1）的龟场参观调查

　中国养龟产业发展战略研究

图2-4　2013年3月21日，作者应广西灵山县畜牧局的邀请，到该县讲授龟鳖养殖技术课程，然后在县畜牧局局长马创碧（图❹前左1）先生等的陪同下，到灵山县瑞然丰农牧种养专业合作社（龟场）参观调查

图2-5 2013年7月26日，作者应邀到广东省阳春市讲授龟鳖养殖技术，并参观阳春市龟鳖协会黎兴福会长（图❶右1）的龟场

图2-6　2013年11月11日，作者应广西扶绥县畜牧局的邀请，为2013年扶绥县基层农技推广补助项目养殖技术培训班讲授"龟鳖生态健康养殖及疾病防治技术"课程。培训结束后，在该县畜牧局动物卫生监督所所长农有东（图❻右1）的陪同下，到当地多个龟场进行参观调查

图2-7　2013年11月11~13日，作者应广西扶绥县畜牧局的邀请，在该县畜牧局会议室连续讲授了3场"龟鳖生态健康养殖及疾病防治技术"课程，来听课的"龟友"实在太多了，连会议室的门口和走廊窗口都站满了人。课间休息期间，更是将作者围住咨询。他们这种虚心求学的精神，确实难能可贵，由此可见，他们对新型、先进的养殖技术是多么渴望。2013—2014年，作者先后应邀在该县讲授"龟鳖生态健康养殖及疾病防治技术"课程共5场次

图 2-8　2013 年 11 月 18 日，作者应广东省中山市龟鳖协会邀请，到中山市讲课，并与"龟友"交流中国养龟业发展情况

图 2-9　2014 年 12 月 17 日，作者应邀参加广东省"茂名市龟鳖业协会成立大会暨 2014 茂名龟鳖论坛"，并在会上讲话

图2-10　2015年8月4~5日，作者（左上图1）先后到海南省儋州市龟协会会长林春兰女士（左上图中）的龟场和海南省龟协会会长陈如江先生（右上图左3）的龟场考察、调研

图2-11　2015年9月20日，作者应广东省湛江市龟鳖协会的邀请，在龟鳖养殖技术讲座上授课，并应邀到吴川市陈祥禧先生的龟场考察、调研

图2-12　2015年5月8日，作者应广西大学——东盟动物种源基地龟鳖繁育中心总负责人、广西区水产技术推广总站党委书记张秋明之邀，参观该基地的龟鳖繁育中心，并与该中心各功能区负责人进行座谈交流，后为广西大学动科学院水产养殖专业研究生讲授"病龟解剖方法与病理变化分析"课程

图2-13　2015年10月2日，作者参加"2015龟鳖评比大赛暨名优龟鳖展示展销会"，与有关领导和专家、教授合影

图2-14　2015年11月8日，作者（右2）应邀参加广东韶关市龟鳖养殖协会成立庆典大会

图2-15　2015年11月14日，作者应邀参加广东省廉江市第一届龟鳖养殖协会授牌仪式暨技术培训班，并在培训班上讲授"省工节水养龟新技术"课程，随后到廉江市龟协会会长陆钟先生（下图右1）的龟场考察、调研

图2-16　2015年12月21日，作者应邀参加"中国（茂名）第二届龟友联谊会"，并在会上讲授"应用生物技术，可少换水把龟养得更好"的课程

图2-17　2016年3月23日，作者先后到江苏省石志会先生和浙江省张金芳先生的龟场考察、调研

图2-18　2016年5月7日和7月30日，作者先后到深圳市龟协黄伟球会长（左图左2）的龟场和广东博罗县龟协李善荣会长（右图左1）的龟场考察、调研

图2-19　2016年6月16日，作者应广东省惠州市龟鳖协会邀请，参加惠州市名优龟类发展趋势交流会，并在会上讲授龟类健康养殖技术的课程

图 2-20　2016 年 7 月 30 日，作者到中国龟协会会长李艺（左图右 1）的万龟园（在广东博罗县）龟场考察、调研

图 2-21　2016 年 11 月 22 日，作者（左 2）在广西钦州市石金钱龟协会洪志伟秘书长（右 1）的陪同下，到钦州市中国龟谷考察、调研

图 2-22　2017 年 4 月 23 日，作者作为特邀专家，参加了在华南农业大学召开的"2017 广州·首届宠物中医交流会"，并在会上就养龟业发展前景、龟作为异宠的发展趋势及龟病防治等内容进行交流

图2-23　2017年5月19日，作者（左图左3）先后到惠州市龟协会副会长叶国旺（左图左2）的龟场和惠州市龟协会会长吴惠民（右图右2）的龟场调研

图2-24　2017年8月17日，作者应广东省茂名市电白区星火水产养殖有限公司杨火廖董事长的邀请，到其龟场考察、调研

图2-25　2018年7月22～23日，作者先后到广东省梅州市大埔县郑演欣先生（右图右1）的龟场和蕉岭县戴永松先生（左图右1）的龟场考察、调研

图2-26 作者参加与龟鳖相关的论坛、讲座和会议

图2-27　2015年11月28日，作者在深圳召开的"中国龟协2015年年会暨全国龟鳖产业高端论坛"上，荣获"全国龟鳖行业科技研发特别奉献奖"（左图）；2016年11月30日，在东莞召开的中国龟协2016年年会上，作者所负责的全国龟鳖健康养殖技术协作委员会被评为"先进工作单位"（右图）

图2-28　作者应邀参加一些龟鳖方面的评审活动

来中国各地养殖龟类品种个数、每个品种数量、各类龟总数量，以及不同品种和不同年龄龟类的价格等数据资料进行定量统计分析，从中找出中国养龟产业近年来各地区养殖龟类数量和价格变化的特点和规律，为制定中国养龟产业发展战略措施提供依据。同时，利用定性分析法（主要为逻辑推理法），对整理和审核好的各种资料，进行认真的推理分析，从而揭示中国养龟产业这些现象的本质与变化规律，为本课题研究结果的解释和理论的构建提供依据。这些资料包括各地区龟鳖养殖协会领导及不同地区养龟从业人员对中国养龟产业现状和未来发展的看法，龟类产品产销之间的矛盾，产业结构如何调整和产业怎样转型升级等。

（4）作者主要选用典型调查法进行实地调查

从上面内容可知，实地调查法是在没有明确理论假设的基础上，研究者亲临现场进行调查观察和收集资料，然后依靠研究者的理解和抽象概括，从经验资料中得出一般性结论的研究方法。

而实地调查法又有多种类别，作者主要选用典型调查，即在众多的龟鳖养殖协会、龟类养殖场、龟类生产资料供应商、龟类加工企业和养龟从业人员这个总体中，选取有代表性的个体进行全面、深入的调查，以了解整个中国养龟产业发展的一般属性和规律。同时，对收集到的资料进行认真、细致地整理与审核，尽量消除资料中的假、错、漏等现象，力求保证资料的真实性、准确性和完整性；并在此基础上对资料进行研究分析，以揭示中国养龟产业的内在本质、中国养龟产业发展的前因后果和预测今后的发展趋势等。对调查收集到的资料进行认真的研究和分析，是对实地调查法的深化和提高，是使作者从感性认识向理性认识转换的过程。可见实地调查法对本课题的研究十分重要，在调查过程中也花费了较多的人力、物力和时间。

2.1.3　跨学科研究法

（1）跨学科研究法的涵义

跨学科研究法是指运用多学科的理论、方法和成果，从整体上对某一课题进行综合研究的方法，也叫交叉研究法。跨学科研究超越了以往分门别类的研究方式，实现了对问题的整合性研究。就其深刻性而言，跨学科研究本身体现了当代科学探索的一种新型式，这种新型式被库恩称之为新的"范型"。

此外，科学发展运动的规律表明，科学在高度分化中又高度综合，形成一个统一的整体。据有关专家统计，现在世界上有2 000多种学科，而学科分化的趋势还在加剧，但同时各学科间的联系越来越紧密，现跨学科研究已成了科学方法讨论的热点之一。目前，国际上比较有前景的新兴学科大多具有跨学科性质，近年来，一大批使用跨学科研究法或从事跨学科研究与合作的科学家陆续获得了诺贝尔奖，这再次证明了这一点。

（2）跨学科研究法是本课题研究的方法之一

作者的选题"中国养龟产业发展战略研究"虽然属工商管理学范畴，但也与动物科学和动物医学密切相关，而本人在大学学习的和大学毕业后主要从事的工作正是这个专业，因此对本课题的研究和论文写作十分有利。

此外，本课题也与中西医学、生物学、生态学、历史学、地理学、地质学、哲学及文学等众多学科有关联，因此，要对本课题进行全面、深入的研究，就要采取跨学科研究法，将牵涉到的各学科联结起来进行融合研究和系统分析，从而保证提出的问题和制定的产业发展战略与措施能够更可靠和更全面。

（3）跨学科研究法的特点

跨学科研究是近代有了分门别类的学科建制后才逐渐形成的，它与传统研究法在类型和规模上有很大不同，如"中国养龟产业发展战略研究"这个课题，在研究过程中渗入了关联学科，打破了学科的封闭性，而且养龟产业与传统医学、现代生物学和休闲学等学科之间的跨度虽然很大，但在研究中却能联合在一起。跨学科研究有如下一些特点和新态势。

①学科跨度加大和数目增加，界限也越来越不明晰。②跨学科研究组织化程度提高了，不同的学科和领域的人们自觉地走在一起开展合作性的科学研究，学科封闭性越来越小。③人文与社会科学成为跨学科研究的活跃领域，它们甚至大规模地向自然科学和技术进行反向渗透。④社会开始不断地接纳跨学科研究的价值观。如社会在人才选择上就强调专业基础知识、业务技能、人文素养与社会经验相结合的重要性；各种大型科学技术研究与开发项目，都组织多学科的人员参与并广泛征求各方面的意见等，这些都体现了跨学科研究与发展的兴旺势头和社会影响。

（4）跨学科研究法对本课题研究的重要性

"中国养龟产业发展战略"这个研究课题与很多学科密切相关，要进行系统和深入地研究，必须采用跨学科研究法。如要研究中国养龟产业发展战略，并制定适合中国养龟产业发展的战略措施，就必须研究龟的经济价值，挖掘龟的消费市场。而要研究龟的食用、药用、观赏、科研、生态及文化等经济价值，就必须渗入食品科学、古代医学、现代中西医学、休闲学（养殖观赏）、生态学、文学和市场营销学等众多关联学科进行融合研究。

此外，要使龟的药用价值得到充分释放，就必须将龟含有的免疫抗衰老和防病抗癌等生物活性成分提炼出来，制成高科技药用产品投放市场，以提高产品的市场竞争力，进而促进产业发展，这又要应用到分子生物学的高端技术了。由此可见，跨学科研究在现代科学研究中所占的地位。可以说，现实中的一切重大研究课题，不通过跨学科研究都是不可能完成的。科学在20世纪以来的一个重要发展趋势，就是与技术的融合，以及科学、技术与社会的相互渗透。平时人们常说的STS（科学、技术与社会）研究，就是对这一新兴领域和研究方式的集中概括。

2.1.4　实证分析法和规范分析法

实证分析法是社会科学研究方法之一，着眼于当前社会或学科现实，通过事例和经验等从理论上推理说明。也就是说，这里的"实证分析方法"更准确的翻译应当为"经验分析方法"。不过国内社会科学的研究文献中已习惯了实证分析法这种说法。

作者采用实证分析法和规范分析法，对产业中的典型事例，如珠海康益达企业"依靠科学研究与科技创新促进企业发展"的成功经验、湖南呈宝龟类繁育有限公司"稻龟综合种养"的创新模式、茂名市电白区星火水产养殖有限公司"产业融合发展"的方式、惠州市龟鳖协会会长吴惠民利用"石金钱龟治疗父母亲癌症"的成功例子，以及惠州市金钱龟生态发展有限公司"建设养龟产业园区，促进产业集聚发展"的经验等例子，进行了全面、系统的科学分析，并根据各地的调研结果，总结、归纳出中国养龟产业发展的现状，同时结合产业组织理论和技术创新理论，从养殖、销售、加工利用和产业运作模式等多方面进行探讨，从宏观战略角度，指出中国养龟产业发展的方向，并提出了相应的产业发展战略和战略实施保障措施。故实证分析法和规范分析法也是本课题的研究方法之一。

2.2　研究的技术路线

本书首先通过文献调查法和实地调查法收集相关背景资料，并进行认真分析后提出研究主题；接着归纳和总结有关产业发展的基本理论，为提出中国养龟产业发展战略作理论依据。

本书重点对中国养龟产业的发展历程、龟的起源、进化、中国龟文化及龟的主要经济价值等，进行了深入的探讨；同时运用多种研究方法对中国养龟产业的环境和产业链各个环节进行了全面、深入的分析；另外，还根据研究结果，提出中国养龟产业发展战略与保证战略实施措施的建议。

本书课题研究的技术路线见下图：

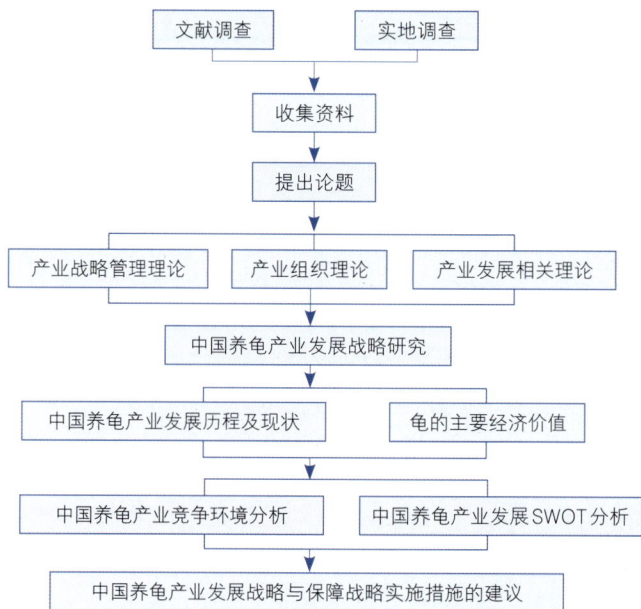

图2-29　本书课题研究的技术路线图

第三章　文献综述

3.1　产业战略管理理论综述

3.1.1　战略管理理论的起源

战略（strategy）一词最早起源于军事活动，从发展历史来看，可以追溯到古希腊时期。当时出现最早的词为"Strategos"，是"军队"和"率领"两个词意的结合，意指军事指挥官，后来被解释为领导艺术和统治方法。战略作为战争科学的概念是中国人在同时期提出的，这方面首推孙子及其《孙子兵法》。孙子主张在战前必须认真分析政治和经济形势，强调谋略先于军事力量，并认为除了赢得战争外，更重要的是达到政治目的。[①]

战略概念发展成为企业管理的方法和思想是在第二次世界大战之后，尤其是在战后初期的美国。当时有三个因素推动了这种概念的发展：一是经过战略思想训练的军官转业到商业领域；二是当欧洲和亚洲重建其经济时，美国企业感到了其生存和发展环境的竞争日益激烈；三是商业学校不断加强其教学和研究力量，努力探求一种能够建立组织管理理论的模式。战略概念在其发展的历史上，大部分时间是用于军事战争的，虽然现在仍然运用于战争，但其在经济管理中的运用也越来越普遍了。俗话说，商场如战场。商业竞争和军事竞争确有很相似的地方，如其本质都是两个以上的人或集体为了达到各自的目的而争夺有限的资源。但是商场毕竟不是战场，有竞争也有合作，因此，经济意义上的战略概念虽然来自于军事，但它并不完全等同于军事意义上的战略。[②]

3.1.2　战略管理理论的演变过程

在20世纪60年代初，美国著名管理学家钱德勒的《战略与结构：工业企业史的考证》一书的出版，开启企业战略问题研究之先河。之后著名的战略著作陆续出版，主要包括美国教授安索夫1965年发表的《企业战略》、美国学者安德鲁斯1971年发表的《公司战略思想》、美国哈佛大学教授迈德尔·波特1980年发表的《竞争战略》和1985年发表的《竞争优势》、英国牛津大学教授理查德·惠廷顿2001年发表的《战略是什么》等。

在知识更新速度加快和信息高度发达的今天，每个产业都面临着种种挑战，这势必导致管理思想的变迁。目前，管理学对这一变化比较一致的看法体现在四个方面，即由过程管理向战略管理转变；由内向管理向外向管理转变；由产品市场管理向价值管理转变；由行为管

---

①②赵春明，企业战略管理——理论与实践[M]．人民出版社，2009．

理向文化管理转变。因此，战略管理将会因这场变革而出现许多新动向，产业及产业中的企业只有把握这一趋势，才能在竞争中处于优势。

综观战略管理理论的演变过程，大致可分为如下几个阶段：

第一阶段：20世纪60年代初，钱德勒的《战略与结构：工业企业史的考证》一书出版，打开了企业战略问题研究之门。钱德勒在该书中分析了环境、战略和组织之间的相互关系，提出了"结构追随战略"的论点。他认为，企业经营战略应当适应环境和满足市场需求，而组织结构又必须适应企业战略，并随着战略的变化而变化。因此，他被公认为环境战略组织理论的第一位企业战略专家。

在此基础上，关于战略构造问题的研究，形成了两个相近的学派：分别是设计学派和计划学派。设计学派认为，在制订战略的过程中，首先要分析企业的优势与劣势，以及环境所带来的机会与造成的威胁；其次是高层经理人应是战略制订的设计师，并且还必须督导战略的实施。最后战略构造模式应是简单而又非正式的，关键在于指导原则，优良的战略应该具有创造性和灵活性。设计学派以哈佛商学院的安德鲁斯教授为代表。

而另一个计划学派主张战略构造应是一个有控制、有意识的正式计划过程；企业的高层管理者负责计划的全过程，而具体制订和实施计划的人员必须对高层负责；通过目标、项目和预算的分解来实施所制订的战略计划等。计划学派以安索夫为杰出代表。安索夫在其《公司战略》一书中首次提出了"企业战略"这一概念，并将战略定义为"一个组织打算如何去实现其目标和使命，包括各种方案的拟订和评价，以及最终将要实施的方案"。"战略"一词随后成为管理学的一个重要术语，在理论和实践中得到了广泛运用。不难看出，尽管这一时期学者们的研究方法和具体主张不尽相同，但从根本上说其核心思想是一致的，主要体现在以下三个方面，一是企业战略的出发点是适应环境。环境是企业无法控制的，只有适应环境变化，企业才能生存和发展。二是企业的战略目标是为了提高市场占有率，企业战略要适应环境变化，旨在满足市场需求，获得足够的市场占有率，这样才利于企业生存与发展。三是企业战略的实施要求组织结构变化及与之相适应，经典的企业战略实质是一个组织对其环境的适应过程，以及由此带来的组织内部结构变化的过程。因而，在战略实施上，势必要求企业组织结构要与企业战略相适应。

第二阶段：20世纪80年代初，以哈佛大学商学院的迈克尔·波特为代表的竞争战略理论取得了战略管理理论的主流地位。波特认为，企业战略的核心是获取竞争优势，而影响竞争优势的因素有两个，一个是企业所处产业的盈利能力，即产业的吸引力；另一个是企业在产业中的相对竞争地位。因此，竞争战略的选择应基于以下两点考虑，一是选择有吸引力的、高潜在利润的产业。不同产业所具有的吸引力以及带来的持续盈利机会是不同的，企业选择一个朝阳产业，要比选择夕阳产业更有利于提高自己的获利能力。二是在已选择的产业中确定自己的优势竞争地位。在一个产业中，不管它的吸引力以及提供的盈利机会如何，处于竞争优势地位的企业总要比劣势企业具有较大的盈利可能性。而要正确选择有吸引力的产业以及给自己的竞争优势定位，必须对将要进入的一个或几个产业结构状况和竞争环境进行分析。产业结构强烈地影响着竞争规则的确立，以及可供公司选择的潜在战略。一个产业内部的竞争状态取决于五种基本竞争作用力（图3-1），这些作用力汇集起来就决定着该产业的最终利润。[①]

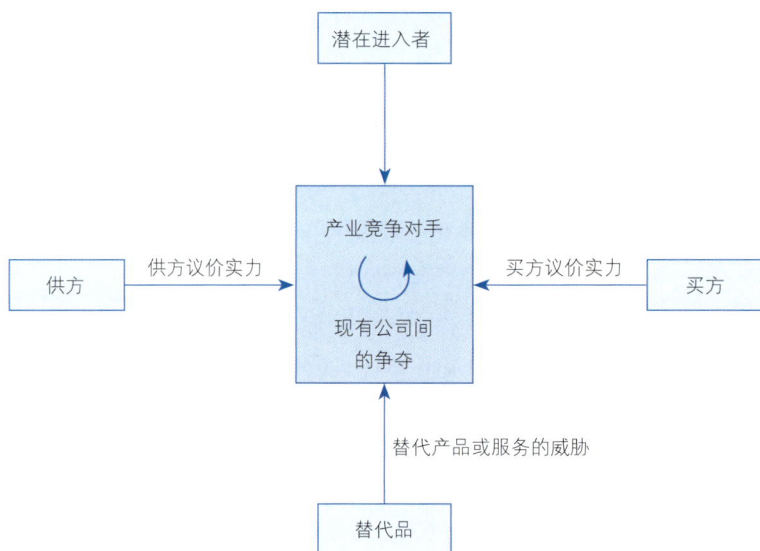

图3-1　驱动产业竞争的力量

总的来说，迈克尔·波特的竞争战略理论基本逻辑是：①产业结构是决定企业盈利能力的关键因素；②企业可以通过选择和执行一种基本战略影响产业中的五种作用力量（即产业结构），以改善和加强企业的相对竞争地位，获取市场竞争优势，低成本或差异化；③价值链活动是竞争优势的来源，企业可以通过价值链活动和价值链关系（包括一条价值链内的活动之间及多条价值链之间的关系）的调整来实施其基本战略，如图3-2所示。[②]

迈克尔·波特的竞争战略理论认为，战略的目的就是为了获得高于同行业平均利润的报酬。这种以产业结构分析为基础的竞争战略理论的优点在于以企业的获利、企业所处的行业为分析研究对象，但它同时是一种基于对环境的分析，过分强调了竞争，这是该理论的缺陷。

①迈克尔·波特. 竞争战略[M]. 陈小悦，译. 北京：华夏出版社，2005.
②赵春明. 企业战略管理——理论与实践[M]. 北京：人民出版社，2009.

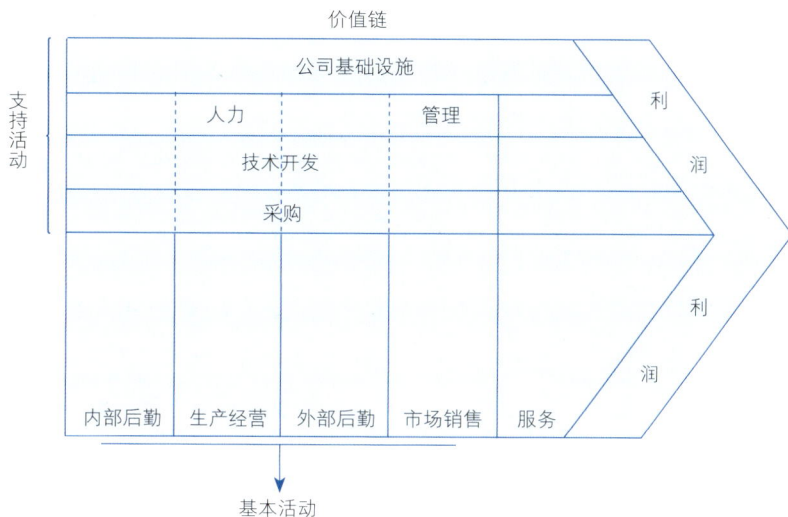

图 3-2　企业价值链模型

第三阶段：自 20 世纪 90 年代以来，由于信息技术迅猛发展，导致竞争环境日趋复杂，企业不得不把眼光从外部市场环境转向内部环境，注重对自身独特的资源和知识技术的积累，以形成企业独特的竞争力（核心竞争力）。

普拉哈拉德和哈默在《哈佛商业评论》上发表了《企业核心能力》一文，从此，关于核心能力的研究热潮开始兴起，并且形成了战略理论中的"核心能力学派"。

该理论是假定企业具有不同的资源（包括知识、技术等），形成了独特的能力，资源不能在企业间自由流动，对于某企业独有的资源，其他企业无法得到或复制，企业利用这些资源的独特方式是企业形成竞争优势的基础。该理论强调的是企业内部条件对于保持竞争优势以及获取超额利润的决定性作用。这表现在战略管理实践上，要求企业从自身资源和能力出发，在自己拥有一定优势的产业及其相关产业进行经营活动，从而避免受产业吸引力诱导而盲目进入不相关的产业进行多元化经营。

但是，核心能力理论在弥补了注重企业外部分析的波特结构理论缺陷的同时，本身也存在着其固有的缺陷。由于过分关注企业的内部，致使企业内外部分析失衡。为了解决这一问题，1995 年 David J.Collins 和 Cynthia A.Motgomery 在《哈佛商业评论》上发表了《资源竞争：90 年代的战略》一文。该论文对企业的资源和能力的认识更深了一层，提出了企业的资源观（Resuoeses-based View of the Firm）。他们认为，价值的评估不能局限于企业内部，而且要将企业置身于其所在的产业环境，通过与其竞争对手的资源比较，从而发现企业拥有的有价值的资源。

所谓的企业资源是公司在向社会提供产品或服务过程中能够实现公司战略目标的各种要

素组合。公司可以看做是各种资源的不同组合，由于每个企业的资源组合不同，所以不存在完全一模一样的公司。只有公司拥有了预期业务和战略最相匹配的资源，该资源才最具价值。公司的竞争优势取决于其拥有的价值资源。

战略联盟理论的出现，使人们将关注的焦点转向了企业间各种形式的联合。这一理论强调竞争合作，认为竞争优势是构建在自身优势与他人竞争优势结合的基础上的。但是联盟本身具有的缺陷，以及基于竞争基础上的合作，使得这种理论还存在许多有待完善之处，企业还在寻求一种更能体现众多优越之处的合理安排形式。进入20世纪90年代中期，随着产业环境的日益动态化，技术创新的加快，竞争的全球化和顾客需求的日益多样化，企业逐渐认识到如果想要发展，无论是增强自己的能力，还是拓展新的市场，都得与其他公司共同创造消费者感兴趣的新价值。企业必须培养以发展为导向的协作性经济群体。在此背景下，通过创新和创造来超越竞争，开始成为企业战略管理研究的一个新焦点。

美国学者James F.Moore 1996年出版的《竞争的衰亡》标志着战略理论的指导思想发生了重大突破。作者以生物学中的生态系统这一独特的视角来描述当今市场中的企业活动，但又不同于将生物学的原理运用于商业研究的狭隘观念。后者认为，在市场经济中，达尔文的自然选择似乎仅仅表现为最合适的公司或产品才能生存，经济运行的过程就是驱逐弱者。而Moorel提出了"商业生态系统"这一全新的概念，打破了传统的以行业划分为前提的战略理论的限制，力求"共同进化"。Moorel站在企业生态系统均衡演化的层面上，把商业活动分为开拓、扩展、领导和更新四个阶段。商业生态系统在作者理论中的组成部分是非常丰富的，他建议高层经理人员经常从顾客、市场、产品、过程、组织、风险承担者、政府与社会七个方面来考虑商业生态系统和自身所处的位置。系统内的公司通过竞争可以将毫不相关的贡献者联系起来，创造一种新的商业模式。作者认为，作为新兴的中国养龟产业及产业内的企业，其高层管理者也应从顾客、市场、产品、过程、组织、风险承担者、政府与社会七个方面来考虑自身所处的位置，以此制定适合自己发展的战略和努力创造一种新的商业模式，以促进产业的发展。本文力求通过在这些理论的指导下，结合产业的实际进行探索。

3.2 产业组织理论综述

3.2.1 产业组织理论的内涵

产业组织理论（Industrial Organization）由美国经济学家梅森（Edward S. Mason）

和贝恩（J.S.Bain）创立，是微观经济学中的一个重要分支，是现代经济学的重要组成部分，它研究的对象是产业组织，即是研究产业内企业关系结构的状况、性质及其发展规律的应用经济理论。该理论主要是为了解决所谓的"马歇尔冲突"难题，即产业内企业的规模经济效应与企业之间的竞争活力的冲突，其理论渊源可追溯到马歇尔的经济理论。

在马歇尔对微观经济进行了经典的解释后，市场理论的讨论便一直成为经济理论的重点。在罗宾逊夫妇、张伯伦等早期经济学家的努力下，市场中竞争和垄断问题得到深入的研究，人们对经济领域的微观部分的认识也大大加深。产业组织理论正是在不断汲取前人的营养下，逐渐从微观经济学分离出来的，成为一个进一步解释微观市场的主流理论。近一个世纪以来，产业组织理论无论是研究方法、对象和解释的问题都发生了很大的变化，这从另一个侧面也反映了市场本身在许多方面已经出现了深刻的变革。

产业组织理论以微观经济理论为基础，对市场经济发展过程中产业内部企业之间的竞争与垄断、规模经济与效率等的关系进行研究，以探讨这种产业组织状况及其演变对产业内部资源配置的影响，为维护市场公平的竞争秩序和市场运行机制，提供理论依据和政策建议。

3.2.2　产业组织理论的演变

随着社会经济的发展，产业和产业组织理论也会随之演变。作为产业组织理论，就是伴随20世纪以来大型制造类企业的迅猛涌现而出现的。从经济思想史上看，马歇尔在《经济学原理》一书中，把萨伊的生产三要素创造性地扩充为生产四要素，即劳动、资本、土地和组织（企业家才能），并进行了系统的分析，提出了规模的经济性问题。他认为这种经济性是当时同一行业中许多企业合并成为一个大联合组织的主要原因之一。规模经济和垄断的弊病，被后人称之为"马歇尔冲突"，成为产业组织理论探讨应用价格理论的分析工具。在实证分析中，他以企业的市场行为为中心建立分析模型，而不是像哈佛学派那样以市场结构为中心建立模型。该学派认为市场绩效起着决定性作用，企业效率的不同导致不同的市场结构，高集中度的市场是高效率、低成本的结果。芝加哥学派的行为中心论和以效率为判断市场标准的理论，又被称为产业组织理论的行为学派和效率学派。

此外，当产业组织理论使用博弈分析方法对企业策略性行为进行分析时，发现信息不对称在产业链整合过程中也发挥着重要作用。产业组织理论揭示了产业链中的厂商通过实施一系列策略，对产业链上的其他厂商实施了纵向控制而扩张了市场势力，从而获得最大化利润。而博弈论方法是在产业组织理论中占主导地位的研究方法。1988年法国学者泰勒尔的《产业组织理论》问世，应用博弈论分析方法对整个产业组织理论体系进行了再造，提供了一种极有意义的解决个人理性和集体理性之间矛盾的方法和思路。20世纪90年代以后，除了博弈论，对案例研究法的重视程度也得到了相对提高，实证归纳与推理演绎研究方法趋于融合。

3.3　产业发展相关理论综述

3.3.1　产业选择理论

（1）比较优势理论

18世纪，英国古典经济学家亚当·斯密（Adam Smith，1723—1790）提出的"绝对优势理论"认为，一个国家或地区必然具有在某种商品生产方面的绝对优势，国家之间会通过生产自己的绝对优势产品进行国际分工和国际贸易。针对这一理论，英国古典经济学家大卫·李嘉图（David Ricardo，1772—1823）则进行了发展和修正，提出了依照生产成本的相对差别而实行国际分工和国际贸易的"相对优势理论"。按照该理论，发达国家应将产业结构重点放在发展资本密集型和技术密集型产业，而不发达国家只能重点发展农业、原材料等初级产业。后来日本的经济学家将以上理论统称为静态的"比较优势理论"，并在此基础上提出了"动态比较优势理论"。该理论认为，从长远发展的角度考虑，对当前不具备比较优势但将来有可能转化为优势的产业，政府必须扶持和保护，以便使这些产业以后发展成为对国民经济有重要影响，并在国际贸易中具有竞争力的产业。①

比较优势理论说明一个国家或地区应优先发展在劳动生产率上具有优势的产业，使其成为主要的经济力量。同时，各地区的比较优势不是一成不变的，有些产业在发展初期虽然比较弱小，在市场竞争中不具备优势，但如果这些产业代表先进的产业发展方向，那么政府就应加以扶持。因此，各地区在完善产业结构时，如何将短期和长期产业相结合，如何在发展现阶段相对优势产业的同时，兼顾未来产业发展方向等，就具有一定的理论和实践指导意义。如中国养龟产业是近年发展起来的新兴产业，虽然现在还比较弱小，但当龟的精深加工萃取技术攻克，能够提炼龟组织中的抗衰老和防病、抗癌等药用成分后，将在中国生物医药产业的发展及提升人民健康素质方面发挥巨大作用。由此可见，养龟产业是一个很具活力的

①祝尔娟，等.京津冀产业发展升级研究——重化工业和战略性新兴产业现状、趋势与升级[M].北京：中国经济出版社，2011.

朝阳产业，主养区政府应高度重视，并加以大力扶持，以促进其快速发展，使其更快、更好地造福人类。

（2）罗斯托的经济发展阶段论

美国经济学家华尔特·惠特曼·罗斯托（Walt Whitman Rostow，1960）在《经济增长阶段》一书中，根据一定的技术标准将人类社会发展阶段分为传统阶段、"经济起飞"准备阶段、"起飞"阶段、成熟推进阶段和大量消费阶段。1971年，罗斯托在其《政治和成长阶段》一书中又追加了一个"追求生活质量"的阶段。[①]他认为，经济社会处于传统阶段时，科技、生产力水平相对低下，以农业为主导产业；在"经济起飞"的准备阶段，工业和农业中处处渗透了近代科学技术，主导产业更替为轻纺工业，多数劳动力也向工业与服务业转移；经济起飞阶段则相当于产业革命时期，这时的主导产业演变为以原材料、燃料等基础工业为中心的重化工业；在成熟推进阶段，生产中已经普遍运用现代科学技术，使精密仪器加工、石油化工、智能机械、电子产品等这类技术要求高、附加值大的产业得到快速发展，并成为国民经济的主导产业；在大量消费阶段，高度发达的工业技术使主导部门转移至耐用品消费和服务部门；而在追求生活质量阶段，耐用品消费部门已经不再是主导部门，主导部门将转移至文教娱乐、医疗保健、文化旅游等提高生活质量的部门上。此外，罗斯托还认为，任何国家都要经历由低级向高级发展的过程，主导部门序列不可任意改变。[②]

根据罗斯托上面所阐述的经济发展每一阶段的特征，目前中国正处于"经济起飞"阶段，每个新兴产业一般都代表先进的发展方向，在将来能够作为主导部门带动其他产业及整个国民经济的发展。因此，借鉴罗斯托的经济成长阶段论中主导部门的理念，作者认为培育和发展中国养龟业这个新兴产业，对将来带动中国生物制药产业的发展及促进中国国民经济的发展，都有着重要的理论和实际指导意义。

（3）赫希曼的不平衡发展理论

赫希曼（1958）在《经济发展战略》中提出了"战略性产业"的概念，发展中国家由于资源稀缺，不可能将资源同时投入到国民经济各部门使其发展，而是按一定的优先顺序或不

[①] 蔡德发. 战略性新兴产业税收激励政策研究—基于黑龙江省产业升级视角[J]. 哈尔滨商业大学博士学位论文，2012（5）：20.

[②] 祝尔娟，等. 京津冀产业发展升级研究——重化工业和战略性新兴产业现状、趋势与升级[M]. 北京：中国经济出版社，2011.

同的速度发展，使有限的资源最大限度地发挥促进经济增长的作用。赫希曼用"关联效应"说明不平衡增长过程。所谓关联，是指经济运行中一个部门在投入和产出上与其他部门之间的联系。在发展过程中，先发展后向关联度较高的最终产品产业，即指一个部门和向它提供投入的部门之间的联系，以此来影响和带动其他产业的发展，称之为"赫希曼基准"；如果一个产业与其他产业有较强的前向和后向关联关系，那么该产业的率先发展有利于带动其他产业，从而推动整个国民经济的发展。[①]

赫希曼的不平衡发展理论对在我国各地区发展新兴产业的过程中，对如何选择适合该地区发展的产业起到指导作用。如中国养龟产业目前已成为广东、广西、海南及江西等省份的地方支柱产业，受到当地政府的高度重视，如果进一步加大扶持力度促进其发展，就能带动饲料、兽药、产品加工、生物制药及休闲观赏等关联产业的发展，从而对整个国民经济的发展起到推动作用。

（4）筱原三代平的两条基准理论

日本筱原三代平（1960）提出了主导产业选择的"产业收入弹性系数"和"生产率上升率"两条基准理论。"产业收入弹性系数"基准理论表示应将主要资源和积累投入到收入弹性较大的行业或部门。"生产率上升率"基准理论则指资源应流向生产率上升最快的行业或部门，因为在没有资金和技术约束的情况下，在各生产要素能够自由流动的前提下，这些行业由于生产率上升速度较快，每单位产品成本投入下降速度随之增加，而在成本相对稳定的条件下，其利润率增加幅度也较多。该理论也为中国各地区在如何选择新兴产业方面提供了理论依据。

3.3.2　产业发展演变理论

随着经济发展，产业也相应演进。从各国历史发展经验来看，产业的发展演进是一种长期动态过程，在其发展的各个阶段，具有明显的特色和差别。很多学者对产业发展演变规律做出研究，如最具代表性的是英国经济学家克拉克、美国经济学家库茨涅茨和德国经济学家霍夫曼。他们有关产业发展的研究成果，为中国新兴产业的发展提供了理论基础。

（1）"配第—克拉克"定理

早在17世纪，英国古典政治经济学家威廉·配第就描述了产业间资源流动的现象。他

---

①马春文. 发展经济学[M]. 北京：高等教育出版社，2005.

认为制造业比农业，商业比制造业能够得到更多的收入。这种产业间的相对收入差距导致劳动力在产业间的流动。

克拉克在配第研究成果的基础上，将全部经济活动分为第一次产业、第二次产业和第三次产业，并考察了产业发展中劳动力在三次产业间的分布规律后，提出了著名的"配第—克拉克"定理。该定理认为，随着经济的发展和国民收入水平的提高，劳动力首先由第一次产业向第二次产业移动；当人均国民收入水平进一步提高时，劳动力便向第三次产业移动，此时，第一次产业中的劳动力将减少。在现实中，产业发生移动时，产业间的相对收入有差距，从而导致劳动力在产业间的流动确实是存在的。该定理为中国发生产业间移动时，如何解决劳动力和劳动力成本等问题提供了理论依据。

（2）库茨涅茨的产业演变理论

美国经济学家库茨涅茨在继承克拉克研究成果的基础上，更侧重于在产业发展演变诱因方面的探讨。他进一步阐明了劳动力和国民收入在产业间分布结构演变的一般趋势；并根据国民收入和劳动力在产业间分布两个方面，将三次产业依次称为"农业部门""工业部门"和"服务部门"。后来他发现随着时间推移，农业部门实现的国民收入占整个国民收入的比重，以及农业劳动力在全部劳动力中的比重将不断下降；而此时工业部门国民收入的相对比重大体是上升的，劳动力相对比重大体不变或略有上升；服务部门的劳动力相对比重则呈现普遍上升趋势，国民收入相对比重却未必和劳动力相对比重同步上升。该理论表明，产业发生移动会导致劳动力在产业间流动，但这种流动与国民收入关系不是很大，这也为我国产业发生移动时，如何解决劳动力等问题提供了理论参考。

（3）霍夫曼定理

上述两个学者所描述的实质是一个国家走向工业化的过程和动因，即"工业化"进程。而德国经济学家霍夫曼则进一步研究了工业结构演变规律，并对此做出了开拓性的贡献。他根据近20个国家的时间序列数据，分析了制造业中消费资料工业的净产值和资本资料工业净产值的比例关系，发现在工业化进程中这一比例关系是递减的，称之为"霍夫曼定律"。中国养龟产业作为特色农业产业，目前绝大部分养殖户还在居家庭院和楼房室内养殖，这种小规模、零散的粗放型养殖模式已经不适应产业快速发展的需要。故根据"霍夫曼定律"，中国养龟产业发展到目前这样的较大规模，进行转型升级和走"工业化"道路已是必然的选择，而且随着产业的变化要做好相应工作。

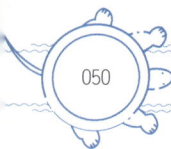

3.4　新兴产业相关理论

3.4.1　新兴产业的概念

新兴产业是相对传统产业而言的，是指在高新技术基础上，运用新技术、新智力所形成的具有高附加值的产业。它承担了新的社会生产职能，代表新的产业结构转换方向，也代表了新的科学技术产业化的水平。此外，新兴产业通常具有高智能、高投入、高风险、高回报等特征。[①]新兴产业和战略产业一样，也是动态概念，即某产业可能在某一时间段内（如几年或十几年）属于新兴产业，但当该产业应用的技术进入成熟期，预计未来不会再出现大的突破后，则该产业就不再属于新兴产业范畴了。根据新兴产业的概念，中国养龟产业就属于新兴产业，它与传统的种植业、鱼虾蟹养殖业等相比，确实收益较高，也是个具有较高附加值的产业。这也是近年来中国养龟产业发展较快，成为广东、广西和海南等省区某些地方经济发展的支柱产业的主要原因。

3.4.2　与新兴产业相关的概念

与新兴产业相关的概念很多，下面主要综述与中国养龟产业关联度比较大的产业概念，如主导产业、先导产业、支柱产业、战略产业、高技术产业和战略性新兴产业等，它们分别有不同的内涵。

（1）主导产业

主要是指在国民经济中占有较大比重，对整个经济发展具有支撑作用的产业，一个国家或地区的主导产业在某种程度上将关系到该地区产业发展方向，依托该地区的资源及区位优势，可以带动其他产业或行业的发展。

根据美国经济学家 W. W. 罗斯托教授对主导产业的界定，主导产业必须同时具备三个特征，即能够依靠技术进步或通过引入创新机制形成新的生产函数；能够推动经济持续高速的增长；具有较强的扩散效应，决定着国民经济中所有其他产业的发展。

---

①熊勇清. 战略性新兴产业与传统产业互动偶合发展研究[M]. 北京：经济科学出版社，2013.

（2）先导产业

主要是指在国民经济发展中处于优先地位，对其他产业战略发展方向具有导向性，在整个国民经济体系中占有举足轻重的重要战略地位的产业。先导产业虽然不是国民经济的支撑产业，但具有重要的导向作用。先导产业的产品收入弹性高，全要素生产率上升幅度较大，代表着技术发展和产业结构演化的方向，具有如下典型特征：行业增长速度超过GDP，并且保持持续增长；对国民经济未来走向影响较大；财富聚集速度较快；市场潜力大，处于规模快速扩张的成长期；产业关联系数大、技术连带功能强。[①]

（3）支柱产业

主要是指在国民经济发展中具有重要的战略意义，在整个国民经济中占有较大产业规模比重，起着支撑作用。侧重产值和利润水平，是国家或地区重要的财政收入来源，但其社会效益、环境效益和对其他产业的引导作用未必很强。一般通过一定的量化指标（如生产率上升率标准、收入弹性标准和产业关联度标准等）来评价某一国家或地区的支柱产业。一般规律是：先导产业发展到一定规模之后成为支柱产业，或者先导产业首先发展成为主导产业，发展到一定规模后再成为支柱产业。

（4）战略产业

主要是指一个国家为实现产业结构的高级化目标所选定的对于国民经济发展具有重要意义的产业部门，是各国根据不同的经济技术发展水平和对未来经济技术发展的预见所确定的产业。[②]战略产业不仅有巨大的外部溢出效应，而且其本身还能产生巨大的经济效应，所以国家必须对其进行政策保护和扶持，使其在未来经济发展中能够成为主导产业或支柱产业。战略产业的决定要素包括生产技术、市场前景、成长潜力、资源条件、产业结构及环境等。任何一个国家或地区在其特定发展阶段都可能有不同的战略产业部门，例如金融危机后，世界各国纷纷根据本国科技发展实力调整和规划了战略性新兴产业。

（5）高技术产业

主要是指用当代尖端技术（如信息技术、生物工程和新材料等领域）生产高技术产品的产业群，也可称为高新技术产业。高技术产业的主要判断标准是研发投入和研发人员的比重

[①]张少春. 中国战略性新兴产业发展与财政政策[M]. 经济科学出版社，2010.
[②]冯赫. 关于战略性新兴产业发展的若干思考[J]. 经济研究参考，2010（43）：62-68.

是否较高。我国高技术产业主要包括软件、计算机硬件、网络、通讯、半导体、生物技术、医药保健、环保工程、新材料、资源开发、光电子与光机电一体化、新能源与高效节能技术、核应用技术、其他重点科技和科技服务15大类。①

（6）战略性新兴产业

战略性新兴产业是针对我国国情所提出的特有概念，它同时包含"战略性"及"新兴性"特征，即对国民经济发展具有重要意义又尚未形成规模的产业。2010年12月，中央经济工作会议正式提出"加快培育战略性新兴产业"的总体思路，将战略性新兴产业的概念界定为掌握关键核心技术，具有市场需求前景，具备资源能耗低、带动系数大、就业机会多、综合效益好的新兴产业。

我国的《"十二五"国家战略性新兴产业发展规划》，将生物产业重点发展方向定为生物医药产业、生物医学工程产业、生物农业产业、生物制造产业四个方面，并分别规划了发展路线图。其中生物医药产业是指将生物技术与工程技术应用于医药产业而形成的相关产业总和，分为疫苗与诊断试剂、创新药物、现代中药、生物医学工程等类型。目前，以上的生物技术成果主要集中于生物医药产业，生物医药产业是生物技术应用最活跃的领域。

综上所述，中国养龟产业作为近年发展起来的新兴产业，与上面各产业的概念特征相似，尤其是龟作为生物医药产业的重要原料，如果突破其精深加工的技术难关，将其抗衰老和防病抗癌成分提炼出来，应用于临床实践，对人类的健康、长寿将会作出巨大贡献，也会对推动中国其他相关产业的发展起到重要作用。因此，根据产业发展相关理论，政府应加大保护和扶持力度，尤其要加大科技方面的投入，以攻克产业发展过程中的技术难关，使处于"起飞阶段"的中国养龟产业得到顺利和快速发展，这对壮大我国生物医药产业原料的来源和带动相关产业的发展，都具有重要现实意义。

3.5　战略管理和产业组织等理论对养龟产业的相关研究

由于养龟产业是一个新兴产业，所以产业战略管理、产业组织和产业发展等理论专门对其研究尚无报道。但龟类加工产品如龟板及由龟板提炼出的龟胶，则是一种名贵中药材，这些在中药产业中的运用则有报道，如陈峰从战略的角度对产业进行定义，从而提出了中药产

---

① 张少春. 中国战略性新兴产业发展与财政政策[M]. 北京：经济科学出版社，2012.

业的战略特征，即中药资源是我国所独有的优势、中药产品科技含量高及增值潜力大等。国内外中药市场的巨大需求使中药产业处于一个高速发展的过程中，也成为投资的热门产业之一，并成为了我国新的经济增长点。[1]

又如周飞跃也分析了产业竞争力提升战略管理过程中的难点问题，促进一般战略管理理论与产业竞争力理论的融合，提供一个有关中药产业竞争力提升战略的假设、事实、方法和技巧的综合性分析框架，并且将中药产业竞争力提升的内部条件与外部总体背景结合起来分析，对中药产业竞争力提升战略形成中的难点问题展开综合性探讨，为中药产业竞争力提升战略的制订，提供了一个对现行战略的假设与事实基础、机遇与威胁、优势与劣势的总体判断，为新战略的制定铺路。[2]

再有，邢光卫对产业竞争力的内涵和关于产业竞争力的决定因素进行了界定，指出生产要素、需求条件、产业结构与企业竞争、产业支撑四个关键要素及其相关关系是决定产业竞争力的决定因素。然后对综合指数法、德尔菲法、层次分析法、主成分分析法等评价方法进行评析，选定主成分分析法分析中部战略性主导产业竞争力。并得出在中部六省中药材产业具有资源丰富的优势，以及在中成药产业发展中具有比较优势。[3]

作者认为，中国养龟产业也应运用产业战略管理、产业组织和产业发展等理论，对其产业结构、产业水平、产业环境及其发展前景进行系统研究，在理论研究和实证分析的基础上，制订出适合中国养龟产业发展的战略措施、组织措施、政策措施和技术措施，以建立有利于中国养龟产业发展的产业环境。

3.6　科学技术与技术创新理论综述

3.6.1　国外一些经济学家的技术创新理论

（1）1912年，美国经济学家约瑟·阿罗斯·熊彼特首次在《经济发展理论》中提出了创新理论，并在《经济周期》《资本主义、社会主义和民主主义》中加以运用和发挥。[4]熊彼

①陈峰. 推进中药产业成为我国战略产业的研究[J]. 浙江大学，2002.
②周飞跃. 中药产业竞争力提升战略研究[J]. 中国农业大学，2005.
③邢光卫. 中部地区战略性主导产业竞争力评价[J]. 武汉理工大学，2007.
④吴宇晖. 张嘉昕，外国经济思想史[M]，北京：高等教育出版社，2007.

特以动态发展理论为基础，认为"创新"是生产体系中生产要素和生产条件的新组合，具体有五种组合方式，分别是引入一种新的产品或提供一种产品的新质量；采用一种新的生产方法；开辟一个新的市场；获得一种原料或者半成品的新的供给来源；实行一种新的企业组织形式。其最大特点是强调生产技术的革新和生产方法的变革在经济发展中的重要作用。熊彼特提出"创新"是资本主义经济增长和发展的动力，没有"创新"就没有资本主义的发展。他从技术创新的角度解释经济增长，认为经济增长过程是经济从一个均衡状态向另一个均衡状态的移动过程。经济的均衡状态是通过企业家的创新打破的。

（2）格哈德·门茨继承和发展了熊彼特的技术创新理论。他认为技术创新是经济增长和经济长期波动的主要动力。英国古典政治经济学家亚当·斯密，则在古典经济增长理论中把劳动力看做是最重要的生产要素，他认为人均产出的增加主要取决于投入生产中劳动力的数量和质量，而生产规模扩大在很大程度上又依赖于资本的积累和土地使用。他强调劳动、资本和自然资源在经济增长中的作用，但同时也注意到技术进步对经济也有着重要的影响。美国经济学家罗伯特·索洛则是新古典经济增长理论的代表，他认为传统的经济增长模型遗漏了两个重要的因素，分别是技术进步和规模经济。

（3）美国经济学家杰夫·戴尔、赫尔·葛瑞格森、克莱顿·克里斯坦森和内森·弗尔等，对创新的重要性也作了如下阐述："对于全球经济，创新是生命之源；对于全球几乎任何一位首席执行官（CEO）来说，创新是首要的战略考虑。事实上，最近国际商业机器有限公司（IBM）针对1 500名CEO做了一项调查，调查显示创造力在未来的领导能力中位居榜首。创新想法能够革新产业，创造财富，其威力之大，有史可鉴。"[1]而"科技的发展将不确定性推向了一个引爆点，导致公司兴起和衰败的速度超过了以往任何一个时期。不管是产品、服务还是管理，继续沿袭传统方式将难以维系未来的增长。创新者的方法，意在解决创新过程中的不确定性问题，系统地将创新落地。"[2]

（4）哈佛商学院教授克莱顿·克里斯坦森等对"颠覆式创新"的阐述是"在某个时点，这些行业摇身一变，它们的产品和服务变得十分便宜和易于获得，很多人都买得起。同时，供应方只需较少的训练就能在这些产品和服务的市场上拥有竞争力。我们将推动此转变的因素称为'颠覆式创新'"。它包括以下三个组成要素。

①技术推动。通常尖端技术的用途就是简化问题，通过改变以往靠直观试验得来的规律

---

①杰夫·戴尔，赫尔·葛瑞格森，克莱顿·克里斯坦森，等. 创新者的基因[M]. 曾佳宁，译. 北京：中信出版社，2013.

②内森·弗尔，杰夫·戴尔，等. 创新者的方法[M]. 陈召强，刘会，译. 北京：中信出版社. 2016.

流程，使解决问题的方法规范化和常规化。

②商业模式创新。以盈利的方式把精简的解决方案提供给消费者，使这些方案既能被支付，又方便可用。

③价值网络。一种商业微观架构，所有内部公司具有持续创新且相互增强的经济模式。

三大动因之间是诸多制度改革和新行业标准。新兴颠覆性产业内企业的交互，需要它们的相互支持和协调（图3-3）。①

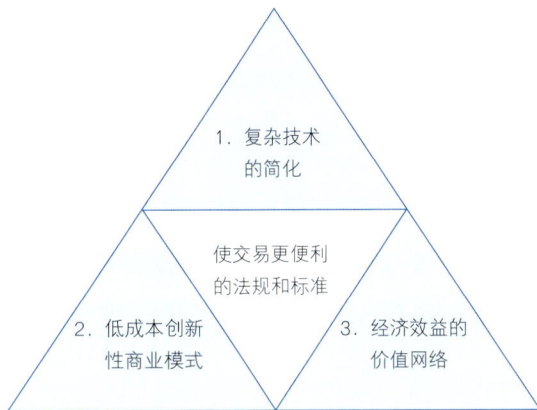

图3-3 颠覆式创新构成

克莱顿·克里斯坦森等还说："颠覆式创新很少能与旧的价值网络或商业生态系统直接兼容。这些创新者一旦认为依靠现存价值网络的方式是一条通往成功的更廉价的捷径，他们要么会把自身置于旧的价值网络中，则必然扼杀创新，要么会改变他们的商业创新模式以适应旧体系。相反的情况永远也不会发生。"②

上述创新理论对中国养龟产业的发展有重要的借鉴作用。中国养龟产业虽属特色农业，但因中国人口多，耕地少，今后不可能再占用大量的土地进行养殖。因此，根据上述创新理论，养龟产业的转型升级和提高产业运行层次，必须依靠科学技术和技术创新；而"技术进步和规模经济"则是中国养龟产业发展的必然选择。

3.6.2 中国政府高度重视科学技术和技术创新

中国自改革开放以来，就对科学技术和技术创新高度重视，早在改革开放之初，邓小平就说："马克思说过，科学技术是生产力，事实证明这话讲得对。依我看，科学技术是第一生产力。"③

1995年5月召开的全国科学技术大会提出把科技进步提高到战略高度来认识；1996年3月召开的第八届全国人民代表大会，李鹏总理说："在当代条件下，科学技术作为第一生产力的作用越来越突出，成为推动经济社会发展和国家强盛的决定性因素。经济建设必须依靠科学技术，科学技术工作必须面向经济建设。"

---

①②克莱顿·克里斯坦森，杰罗姆·格罗斯曼，黄捷升. 创新者的处方[M]. 朱恒鹏，译. 北京：中国人民大学出版社. 2015.

③邓小平. 邓小平文选[M]. 北京：人民出版社. 1993.

1997年9月，党的十五大报告中明确指出："科学技术是第一生产力，科技进步是经济发展的决定因素。要充分估量未来科学技术特别是高技术发展对综合国力、社会经济结构和人民生活的巨大影响，把加速科技进步放在经济社会发展的关键地位，使经济建设真正转到依靠科技进步和提高劳动者素质的轨道上来。"

1999年8月颁布的《中共中央－国务院关于加强技术创新，发展高科技，实现产业化的决定》提到，"企业应用创新的知识和新技术、新工艺，采用新的生产方式和经营管理模式，提高产品质量，开发生产新的产品，提供新的服务，占据市场并实现市场价值"。

2007年10月，党的十七大报告中明确提出"落实科学发展观，转变经济发展方式"。而2015年6月国务院下发的《关于大力推进大众创业万众创新若干政策措施的意见》，更是把科技创新提高了一个高度，"推进大众创业、万众创新，是发展的动力之源，也是富民之道、公平之计、强国之策，对于推动经济结构调整、打造发展新引擎、增强发展新动力、走创新驱动发展道路具有重要意义"。①

2018年5月28日，习近平在中国科学院第十九次院士大会、中国工程院第十四次院士大会上也提到："我们坚持走中国特色自主创新道路，坚持创新是第一动力，坚持抓创新就是抓发展、谋创新就是谋未来，明确我国科技创新主攻方向和突破口，努力实现优势领域、关键技术重大突破，主要创新指标进入世界前列……进入21世纪以来，全球科技创新进入空前密集活跃的时期，新一轮科技革命和产业变革正在重构全球创新版图、重塑全球经济结构……现在，我们迎来了世界新一轮科技革命和产业变革同我国转变发展方式的历史性交汇期，既面临着千载难逢的历史机遇，又面临着差距拉大的严峻挑战……"②

综上所述，科学技术和技术创新在我国经济发展中具有举足轻重的作用。"创新，将是很长一段时期实现'中国梦'的主旋律……但毋庸讳言，这种主要靠要素投入推动经济增长的模式，已接近了所能达到的极限。面对现实，国人已经逐渐认识到，经济增长并不能与经济发展，特别是持续发展直接画等号，增长靠投入，是有极限的。发展靠创新，才能不断进入新的境界……一个企业要想发展，要想在市场竞争中立足，就必须有创新的实际行动，而无论走'自主'，还是'集成'，还是'消化吸收'哪条道路。"③

历史经验也证明，科技在应对经济危机具有不可替代的作用，每一次经济危机都带来科学技术的新突破，产生新的产业发展方向和新的经济增长点，从而带来新一轮的经济繁荣。

---

①中国国务院. 关于大力推进大众创业万众创新若干政策措施的意见[Z]. 2015.

②习近平. 在中国科学院第十九次院士大会、中国工程院第十四次院士大会上的讲话[R]. 2018.

③杰夫·戴尔，赫尔·葛瑞格森，克莱顿·克里斯坦森，等. 创新者的基因[M]. 曾佳宁，译. 北京：中信出版社. 2013.

实践也证明，科技创新是提高资源利用效率的主要途径，是经济增长的主要源泉，是优化产业结构的主导力量，是经济社会发展的内在动力，是推动经济增长方式转变的抓手，决定着经济发展质量与速度。作为科技创新，一般有两种基本方式，一是内部开发，即产业及产业中的企业通过内部科技创新形成自身核心技术体系，这属于一种常规的科技创新模式；二是外部获取，即是通过收购、联盟等方式进行技术引进，如产业中的企业可利用自身的技术优势和其他企业或科研院所形成技术创新战略联盟，实现资源共享。

依据上述理论，创新将是中国经济发展的主题，中国养龟产业的发展照样离不开创新。如何创新？创新点在哪里？是中国养龟产业从业人员长期需要思考的问题。随着科学技术的进步和社会的发展，养龟产业传统的业态必然面临极大的挑战，进行业态创新，建立一种新型的商业模式，已是势在必行。中国养龟业发展到今天已成为一个庞大的产业，但由于产业链中龟的深加工技术还未突破，所以导致产业的发展出现了"瓶颈"。根据上述理论，科学技术和技术创新将是解决养龟产业发展"瓶颈"问题的重要手段。由此看来，科学技术和技术创新理论，对中国养龟产业的发展有重要现实意义。

3.7　文献评论

国外对产业战略、产业组织和技术创新等理论的研究较早，已经形成了比较完善的产业发展理论，可以为中国新兴的产业如养龟产业的发展提供一定的理论依据及借鉴作用。但是在世界经济发展不平衡的前提下，国外的研究多数都是基于某一个国家的发展问题，而且大多是以发达国家为例，因而会缺乏一定的普遍性。与此同时，这些研究及这些理论都是在特定的年代和当时的环境条件下进行和产生的，因而又有不同年代和不同环境等的局限性。如波特的竞争战略理论描述了公司如何在产业中定位和获取竞争优势，从而使公司在激烈的竞争环境中获利，这对企业的发展具有重要借鉴作用。他的理论研究在企业经营战略领域具有开创性，并推动了全球企业发展和管理理论研究的进步，因而在20世纪80年代是独树一帜的，并占据了主流地位，也即该理论在20世纪80年代是合理的。但进入90年代后，由于企业经营环境发生了变化，所以这个竞争理论的局限性就凸显出来了，一是该理论的研究是在现存产业中进行的，即对产业的选择是基于现有企业，因而在面对产业变革而建立长期竞争优势方面的论述就有所欠缺；二是该理论过于强调产业结构和外部环境的重要性，但是在同一个行业内企业之间的差异化要比不同行业内的企业之间的差异化要重要得多，而且同一个产业内企业间的利润差异并不比产业间的利润差异小，也即利润率与行业集中度并不存在线形关系。[①]因此，我们在实践中应用和借鉴前人的研究成果时，就应加以分析和有选择性地借鉴与应用。

近年来，中国理论界对产业发展，特别是新兴产业发展的研究越来越深入，对新兴产业的概念及特征等形成了较为全面和一致的认识。但关于影响新兴产业发展因素的研究还是学术界较为新颖的一个课题，如何发展新兴产业的研究也存在一些不足。对新兴的中国养龟产业发展战略的理论研究，更是缺乏全面和深入的研究。而且我国正面临经济结构转型升级，以及传统产业在各地区发展不平衡的态势，我们如何实现中国养龟这个新兴产业的全面、快速和可持续发展，将是一个较新的课题。因此，作者选择其作为本文的研究课题，以全面、深入和详细的研究，希望探索出真正适合中国养龟产业发展的战略与措施。

---

①迈克尔·波特. 竞争战略[M]. 陈小悦，译. 北京：华夏出版社. 2005.

第四章 中国养龟产业的形成过程及现状

龟作为一类特殊的爬行动物，在世界范围内分布广泛，目前全世界现存的龟类约有240种，属脊索动物门、脊椎动物亚门、爬行纲和龟鳖目。中国不仅养龟历史悠久，而且近年来发展特别迅速，存养量越来越大，现已成为世界上养龟数量最多的国家。

本文在此分析中国养龟产业的形成过程、目前状况和今后发展趋势等，目的是为研究中国养龟产业今后的发展方向和制定发展战略措施，提供背景资料和奠定基础。

4.1　中国养龟产业的形成过程及各地养殖情况

4.1.1　中国养龟产业的形成过程

龟作为爬行动物，最早出现于石炭纪时期。在白垩纪末期，有生命的机体，包括恐龙在内几乎全都灭绝了，而龟却生存了下来。后来又在漫长的世纪更迭、地壳运动及气候变化中，龟为了生存的需要，有的迁入大海，有的深居内陆，有的栖居江河湖泊，最后经过千万年的自然筛选，龟家族繁衍成了海龟、淡水龟、陆龟和水陆两栖龟等几大类。

中国养龟业是经历了漫长的发展过程。虽然民间养龟及利用龟的历史可追溯到6 000年以前，但真正起步还是改革开放以后的20世纪80年代初期，而且龟的养殖主要集中在广东、广西以及长江流域的部分省份和地区。

2005年，广西壮族自治区钦州市通过连续举办"天下名龟出钦州"活动，使得这一产业浮出水面。2009年以后，两广各地龟鳖养殖协会先后成立，并举办各种形式的推广活动，将产业发展推向了高潮。[①]进入21世纪后的10年，中国养龟业发展特别快，并逐步形成了以一家一户为主体，利用自家的庭院、楼顶、阳台、闲置房间等场所进行养殖和销售的产销体系，也使养龟这个"产业"进一步显露和壮大。2012年，一股养龟热潮开始在全国各地掀起，养龟的人数不断增多，龟市也越来越活跃，"中国养龟产业"雏形渐显。2013年，广东、广西和海南等省区养龟业发展更是迅猛，龟的养殖主体和养殖模式也由原来的单家独户的隐蔽、小规模养殖，逐步走向公开化、家庭式小规模养殖，与公司或专业合作社的大规模专业化养殖相结合等多种形式并存，养龟业已成为中国主养区经济发展和农民致富的一项重要产业。

随着龟市的兴旺，龟的价格也迅速上升，2014年，中国养龟热潮达到高峰，龟的价格也达到了最高峰，如养殖数量最多的，代表龟市风向标的石金钱龟苗价格就高达700～780元／只（表4-1）。2014年其他龟苗价格如安徽黄缘龟苗为4 000～15 500元／只，安南龟苗为8 500～12 000元／只，广东黑颈乌龟苗为3万～4万元／只，金钱龟苗最高为4万～5万元／只等，而稳产的越南灰头金钱龟母龟40万～60万元／只，公龟可高达80万～100万元／只。至此，"中国养龟业"已真正发展成为一个初具规模和有活力的新兴产业。

---

①中国渔协龟鳖产业分会. 全国珍稀龟类保护与发展研讨会在北京举办[J]. 中国龟鳖信息，2015（1）：5.

表4-1　2012—2014年石金钱龟苗价格变化表

年份	2012	2013	2014
价格（元/只）	200～250	350～500	700～780
价格升幅（%）	—	42～50	36～50

4.1.2　中国养龟产业形成后各地的养殖情况

中国养龟产业形成之前，养殖人员主要为农民和城镇个别下岗工人，养殖地点主要为家居庭院、阳台和楼顶等处，而且养龟人数和龟的数量有限；但在产业形成之后，这种情况发生了改变。据报道，"2015年全国从事珍稀淡水龟类养殖的人群主要以家庭妇女、城市下岗工人、失地农民为主。现在全国约有25万个珍稀淡水龟养殖户（场点），其中广东、广西各占40%，其他省份占20%；全国珍稀淡水龟类养殖品种超过30个，其中主要养殖品种为三线闭壳龟、黄缘闭壳、广西拟水龟、安南龟、广东黑颈龟5种。2014年全国龟类养殖总量约为2 200万只，其中广东占50%、广西占35%、其他省份占15%。"

在2014—2016年的短短3年，全国各地的龟鳖养殖组织如协会、研究会及专业合作社等，也像雨后春笋一样纷纷成立。据作者调查，单在广东省茂名市一个地级市，就成立了茂名市沙琅龟鳖行业协会、茂名市龟鳖养殖协会、茂南区龟鳖养殖协会、电白区龟鳖养殖协会、高州市龟鳖养殖协会和信宜市龟鳖养殖协会6个协会。这些协会的成立，有力地促进了茂名养龟业的发展，从而使茂名成为全省乃至全国远近闻名的养龟主产区；而广东省大大小小的龟鳖养殖协会（或龟鳖研究会）则有50个左右，这些协会促使广东的养龟业领跑全国。另据统计，目前中国已成立龟鳖养殖协会的省市区有广东、广西、海南、安徽、浙江（杭州市）、北京、上海7个，全国大大小小的龟业研究会也很多。各地龟鳖养殖协会的成立，表明中国养龟业的蓬勃发展，而协会成立后开展的各项活动，则极大地促进了中国养龟业的发展。

在广东省茂名市电白区的沙琅镇，可以说是中国养龟业的典范。其养龟业起步于1986年，到2005年沙琅镇龟鳖养殖协会成立时，该镇的养龟业已由原先的零散农户、小规模养殖，逐步发展成联合的养殖组织，并进行大规模养殖。2017年，沙琅镇养龟户已达6 000多户，成规模的龟鳖养殖专业合作社9个，年产金钱龟、石金钱龟及安南龟等各种珍稀品种龟苗达150万只左右，产值8亿元以上，差不多家家户户都在养龟，养龟业已成为该镇经济发展和人民致富的支柱产业。沙琅镇正是因为全民养龟而成为广东省的特色小镇，并于2017年9月15日举行了"金龟小镇项目——茂名金龟产业园"开建仪式。当地政府表示，金龟小镇项目规划建设面积为2 500多亩，总投资超过60亿元，建成后将成为全国规模最大的全业态龟产业集散地和交易市场、全球最大的珍稀龟种和商品龟养殖基地、中国濒危龟种亲本繁育基地、全球龟行业信息数据库和信息发布中心、中国最具特色的龟文化体验旅游目的地。由此可见，现在的沙琅镇在全国龟鳖养殖行业中有着举足轻重的地位，也使沙琅镇成为名副其实的"中国养龟第一镇"和"中国石金钱龟之乡"。①

　　再有，惠州市博罗县的养龟业在中国养龟产业的发展中也有重要地位。博罗县养龟业始于20世纪80年代末期，但发展最快的时段还是2013年成立"博罗县龟产业协会"后的10年。在协会会长李善荣，名誉会长李艺等的带领下，博罗县龟产业协会办得有声有色，各项活动开展得卓有成效，有力地推动了博罗县养龟产业的发展。目前博罗县有养龟户3 200多户，石金钱龟存养量估计达60万只以上，年产苗100万只左右；金钱龟存养量预计5万只左右，年产龟苗约3万只左右，全县养龟年总产值估计达3亿元以上。其中博罗县杨侨镇养殖金钱龟最为集中和最具特色，是较大的金钱龟养殖基地。如该镇的养龟带头人李艺先生，是惠州市李艺金钱龟生态发展有限公司的董事长、中国渔业协会龟鳖产业分会会长。他于1989年从河源农贸市场买回8只金钱龟（2公6母）开始养殖，经过20多年的不断探索和艰苦努力，他取得了巨大成功。现在他除拥有"金钱龟生态园"外，还拥有一个占地300多亩的"万龟园"。李艺先生养龟成功后，又于2006年投资近2 000万元成立惠州缔康生物科技有限公司，与中山大学等多家科研机构开展产学研合作，进行龟的深加工综合利用研究和龟类产品开发，现开发的产品有金钱龟酒、金钱龟精、金钱龟胶囊、金钱龟含片和金龟露等系列产品，且均已投放市场和开始造福人类。与此同时，在李艺先生的影响和带动下，博罗县杨侨镇也先后有300多农户走上养龟致富的道路，从而使杨侨镇迅速成为中国金钱龟市场的集散地和世界上养殖金钱龟最多的地方，因此，被国家有关单位命名为"中国金钱龟之乡"。①

　　另外，广州市增城区也是养龟比较集中的区域，据增城龟鳖协会介绍，增城区养龟业始于20世纪80年代末期，经过20多年的渐进性发展和基础积累，现已具有一定规模。特别是自2014年9月25日"增城龟鳖协会"成立以后，增城的养龟业更是发展迅速，在养殖行业具有较高知名度。据统计，截至2018年年底，增城区的养龟户已达3 000多户，养殖品种几十个，其中石金钱龟存养量多达70万只，年产苗约120万只；金钱龟存养量预计2.5万只左右，年产龟苗1.8万只以上，全区养龟年总产值估计达2亿元以上。增城龟鳖协会也是一个有活力和凝聚力比较强的协会，现有会员250多人，在会长张太旋，名誉会长张炳新、龙东成、邓伙德，监事长何锦宽和秘书长黄耀明等的带领下，协会活动丰富多彩，深受广大会员

　　①中国渔协龟鳖产业分会."中国养龟第一镇""中国石金龟钱龟之乡"授牌仪式在茂名市举行[J].中国龟鳖，2017（1）：5.

欢迎。而在众多养龟地区中，增城区养殖户办理水生野生动物驯养繁殖许可证的比例也是最高的。

此外，广东省除茂名市和博罗县养龟最集中外，东莞和顺德两市也是养龟人数与龟的存养量最多的地区，其次是中山、江门、广州、韶关、深圳和湛江等市。其中东莞市的养龟人员原先多是开工厂的老板，转行后，将工厂改建成养龟场养龟，他们的龟场一般比较大，龟存养量也比较多。如袁金标先生就是典型的代表，他是东莞市茶山镇人，1987年从东莞农校毕业后回乡创业，先后开过鞭炮造纸厂、毛绒玩具厂和制衣厂等，于2004年买了4只金钱龟开始养殖，并逐步建了养龟场和金龟唛名龟养殖研究所，龟的存养量也越来越多。经过12年的不断探索和经验积累，他的金钱龟、石金钱龟、安南龟和黑颈乌龟等的存养总量已达1万多只，其中金钱龟就有数百只，种群已具相当规模，而袁先生也成了资深的龟界名人。[①]

在广西，则以钦州、南宁、崇左和凭祥4个市养龟人数与龟的存养量最多；其次是北海、玉林、柳州和贵港等市。其中钦州市养殖石金钱龟的历史悠久，该市于2004年成立的"钦州市龟鳖业协会"，也成为广西首个龟鳖行业协会。钦州早在2011年养龟户就达10 000多户，龟存养量达70多万只，年产值3亿多元，养龟业已成为当地民众致富奔小康的主业，钦州更有"天下名龟出钦州"的美誉。特别是2012年在协会的策划下，钦州龟鳖养殖走出了一条"闯市场、树品牌、兴产业"的发展之路。"钦州石金钱龟"得到国家地理标志认证，打响了钦州龟鳖的品牌。借此良机，广西兴联投资置业有限公司和钦州市龟鳖业协会，向钦州市委、市政府提出建设"中国龟谷"的宏伟计划并获批准。"中国龟谷"项目规范用地3 000亩，是钦州市"十二五""十三五"特色农业提升的示范性项目和富民惠民工程，也是钦州市水产畜牧"万元增收工程"的重要项目。[②]

另外，"凭祥石龟农产品地理标志"也于2014年12月12日通过专家鉴定和被农业部登记，据凭祥市政府有关人员介绍，现养龟业已成为凭祥市经济增长的新亮点和群众增收的重要途径。

在海南，则由于其温暖的气候条件和山清水秀的地理环境很适宜养龟，所以近年来养龟业发展也很快，从业人员和龟的存养量越来越多，其中以海口、琼海及儋州等市养龟最集中。在海南众多的养殖户中，尤以陈如江先生的海口泓旺农业有限公司和韩克勤先生的海口泓盛达农业养殖有限公司养殖规模大，品种多。如陈如江先生公司的龟场位于海口市郊区，占地160多亩，养殖国内外各品种龟近100个，同时也从事龟的买卖和龟的进出口业务，他

① 董燕声，高拥军. 龟舟博辑[M]. 吉林：吉林文史版社，2018.
② 中国渔协龟鳖产业分会. 中国龟鳖[J]，2016（8）：27.

还是海南省龟鳖协会会长；而韩克勤先生公司的龟场则位于文昌市，占地600多亩，其养殖的品种和开展的业务，与陈如江先生相似。[①]

此外，经珠海康益达商学院有关培训资料介绍，从2016年12月至2018年10月，就举办了14期"水生生物病害防治员培训班"（即全国养龟新技术培训班），参加培训的人员超过2 000人（图4-1～图4-4），而于2017年3月4～5日和2018年4月27～28日举办的第3期和第11期培训班，学员分别为160多人和150多人，其中第11期的学员来自全国15个省市区（图4-1和图4-2）。再加上之前康益达商学院应邀在全国各地举办的37期"龟鳖健康养殖及疾病防治技术培训班"和"董燕声——名龟微信大讲堂"讲授的6场"龟鳖生态健康养殖及疾病防治"课程，共计相关培训班有57期（场次），接受培训的人员3万多人次。由此估计，目前中国养龟人数有几十万人，养龟产业从业人员就更多。

图4-1　康益达商学院于2016年12月24～25日，举办的第1期国家"水生生物病害防治员培训班"，学员共计80多人

图4-2　康益达商学院于2017年3月4～5日，举办的第3期国家"水生生物病害防治员培训班（深圳班）"，学员共计160多人，主要为深圳市龟协会员

图4-3　康益达商学院于2017年10月28～29日，举办的第8期国家"水生生物病害防治员培训班"，学员来自海南、广西、福建、浙江、江苏、上海、安徽、湖北、湖南、江西、重庆、山西、北京、广东及澳门15个省市区近150人

图4-4　康益达商学院于2018年4月27～28日，举办的第11期国家"水生生物病害防治员培训班"，学员来自上海、浙江、安徽、河南、湖北、湖南、山西、福建、黑龙江、海南、广西及广东12个省市区150多人

---

①董燕声，高拥军.龟舟博辑[M].吉林：吉林文史出版社，2018.

4.1.3 中国养龟产业链及产业市场基本形成

目前，中国养龟产业已基本形成了集科研、养殖、销售及加工利用一条龙的产业链，并由此形成了一个以龟种苗、饲料、药物、用具等为主的养龟生产资料及龟产品组成的市场，而这个新兴市场则吸引了越来越多的企业和人员从事生产和流通。如作者的珠海康益达生物科技有限公司就建成了较为完整的"养龟产业链"，其为龟病防治药物（康益达GMP动物药厂生产）→龟用保健品（康益达饲料添加剂厂和添加剂预混料厂生产）→龟饲料（康益达合作生产）→养龟水质净化剂（康益达水质调理剂厂生产）→科研机构（康益达动物生命科学研究院）→养龟技术培训（康益达商学院）→龟病诊疗机构（康益达龟鳖医院）→龟类种苗繁育及供参观学习的示范基地（康益达龟类繁育研究中心、康益达工厂化科学养龟场和康益达生态健康养殖综合试验示范基地）→龟鳖买卖与养殖技术交流（康益达龟鳖交流交易中心）等。康益达目前已是中国养龟产业业务配套功能比较齐全的企业。[①]

随着养龟业的不断发展，龟的加工企业也越来越多；而大力开展龟的加工利用则是养龟业的主要出路。据作者调查得知，现在的龟类加工企业及加工产品有惠州缔康生物科技有限公司、惠州海天堂保健品有限公司、珠海众健生物科技有限公司、深圳凯联龟业有限公司、四川段乌龟生物科技开发有限公司等。即中国养龟业发展到今天，已经有较大规模，并进入了产业化发展阶段，产业市场也已基本形成。

由此也可以预见，随着中国人民生活水平的不断提高，人们更注重健康、长寿和高质量的生活，从而对具有医疗保健、美食、观赏及文化等功能集于一体的龟的需求量将会越来越大，养龟产业也将会得到进一步的发展和壮大。

4.2 中国养龟产业的现状

目前，全世界上已知的龟种约有240种，这些龟种都属脊索动物门、脊椎动物亚门、爬行纲和龟鳖目，又分曲颈龟亚目和侧颈龟亚目两个亚目；而亚目再分12科和72属。中国的龟种都属曲颈龟亚目，共有5科、18属、30多种。

---

① 董燕声，高拥军. 龟舟博辑[M]. 吉林：吉林文史出版社，2018.

4.2.1　中国龟种的自然分布情况

在中国龟种的自然分布中，除黑龙江、吉林、内蒙古、青海、宁夏、西藏和山西等省区外，其他省市区都有龟分布，但还是以南方分布为主，长江以北地区分布较少。其中新疆有四爪陆龟分布，辽宁有海龟分布；河北和山东除有海龟分布外，还有草龟分布，不过数量极少。中国这些龟种除草龟、黄喉拟水龟和平胸龟分布范围很广外，其他龟种分布范围较窄。

4.2.2　中国养龟产业发展的根源及养殖主体

中国养龟虽然历史悠久，但在相当长的时期内发展却十分缓慢。自改革开放以后，随着我国社会经济的发展和人民生活水平的不断提高，养龟产业也逐步发展起来，特别是近10年来实现了跨越式发展。

中国养龟产业得以迅速发展的根源，在于中国民众对龟的营养、保健、药用和观赏价值等多方面的认知不断深化，从而对龟的需求量增加。为满足市场需求和弥补龟类资源的不足，人们才开始人工驯养和繁育龟，由此便揭开了养龟产业发展的序幕。如今广东、广西、海南等省区的养龟业已发展成以养殖石龟、金钱龟、黄缘盒龟、安南龟、黑颈乌龟、中华草龟和中华花龟等多品种龟共同发展的产业格局，养殖人员也从早期的以农村养殖为主转变为由工厂业主、商人、下岗工人、在职公务员、退休干部等构成的多层次结构。在这些多元化的投资者中，既有小规模家庭养殖户，也有租下整栋厂房进行规模化养殖的人员，还有租用农田及建设园区进行大规模生态养殖的公司。但目前主要还是以一家一户为主体，并以各自的品种资源、传统技术、信息渠道、销售方式等进行产销，养龟产业总体上还处于个体、小型和各自为政的无序竞争状态。

4.2.3　中国养龟产业目前出现的主要问题

随着中国养龟产业的迅速发展，一些问题也逐渐出现，这主要是由于产业从业人员受自身综合素质、养殖水平和对产业认知等的局限引起的。也正因为如此，他们考虑的只能是局部和个别的利益，不可能从全局、长远和宏观的利益出发去合理开发龟类资源，所以在养殖过程中就逐步出现了很多问题。例如，在四五年前的快速发展期，有些养殖户为了多赚钱而使龟多吃、快长，采取温室连续加温和大量投喂的方法养殖，以致龟的种质和龟产品的品质受到了严重影响；又比如龟发病后为了尽快控制死亡，不管是非违禁药还是违禁药都会使用，而且使用过程中是否对症下药或剂量是否合适都不了解，所以耐药性和药物残留的问题越来越严重；再有，一些龟贩子为了一己私利，在交易过程中进行价格欺诈，甚至以劣充好、以野生龟冒充驯养龟和以病龟冒充健康龟等现象也时有发生，扰乱了市场秩序；而低产、低质、产品同质化严重和急病乱投医、乱用药等现象，更是产业养殖管理粗放和科技含量不高的具体表现。

2013—2015 年，产业在发展过程中，由于宣传和引导上存在失误，甚至有出现过度的炒作，引起了龟市价格先虚高后暴跌的巨大波动，并导致了今天龟市场的极度低迷。中国养龟从 2012 年年初开始旺盛，而且热度越来越高，至 2014 年养龟热达到高峰，龟的价格也达到了最高峰，几乎所有养龟及养龟从业人员都获得了丰厚的利润。但好景不长，2015 年，养龟热度开始理性减弱，龟的价格也开始理性回归。2016 年，龟价下调幅度更大，如稳产的金钱龟母龟（越南灰头）价格由 2014 年的 40 万～60 万元／只，下跌到 20 万～40 万元／只，公龟由 2014 年的高达 80 万～100 万元／只，下跌到 30 万～40 万元／只。2017 年，养龟热度更是锐减，各地龟鳖协会开会和各省市举办的龟鳖展销会，再也见不到 2014—2015 年那种人山人海和热闹喧嚣的场面，龟价跌破了人们的预期，如石金钱龟头苗由 2014 年的最高 700～780 元／只，跌落到 60～80 元／只，尾苗只有 30～50 元／只；而 10 年以上的石金钱种龟价格也由 2014 年的最高 2 200～3 200 元／斤[①]，下跌至 2017 年最低时的 350～600 元／斤。

2018 年，大家都希望龟市回暖和龟价有所回升，但却事与愿违，龟价还是继续走低，龟市出现了前所未有的低迷。到 2018 年 6～8 月，石金钱龟苗还卖 25～30 元／只，但到 10～12 月却跌至 15～18 元／只，此价格已跌破了成本价（表4-2）；而 5～10 岁的石金钱种龟售价也只有 80～150 元／斤，养了几年的龟，售价比以前买进来时的龟苗（700～780 元／只）还少，给在 2013-2015 年高价位入市的养殖者造成巨大损失，也让产业从业人员大受打击，这严重影响了产业的健康和可持续发展。但这也符合经济发展规律：任何一个产业发展到鼎盛期后，都会出现产品价格下调而告别暴利时代。当然，目前龟市如此低迷，龟价奇低的情况，除上述原因外，还是产业链中的龟深加工综合利用严重滞后的结果。

表4-2　2014—2018 年主要龟品种苗价变化表

年份	石金钱龟苗 （元／只）	黄缘龟苗 （元／只）	安南龟苗 （元／只）	黑颈龟苗 （元／只）	金钱龟苗 （元／只）
2014	700～780	4 000～5 500	8 500～12 000	30 000～40 000	40 000～50 000
2015	450～550	3 200～4 500	3 000～3 500	18 000～25 000	25 000～35 000
2016	160～220	2 000～3 200	1 500～1 800	6 000～8 000	20 000～30 000

①斤为非法定计量单位，1斤＝500克。——编者注

（续）

年份	石金钱龟苗 （元/只）	黄缘龟苗 （元/只）	安南龟苗 （元/只）	黑颈龟苗 （元/只）	金钱龟苗 （元/只）
2017	30～80	1 000～2 500	800～1 000	2 000～3 000	8 000～15 000
2018	15～30	500～1 200	300～500	600～1000	3 500～12 000

4.2.4　中国养龟产业经历的重要发展阶段

回顾中国名龟产业的发展历程，可概括为六个重要发展阶段：第一阶段是1990年之前，随着各种龟类人工繁育技术的突破，为名龟产业的发展打下了基础；第二阶段是2000年之前，随着名龟规模化繁育成功，龟类物种资源逐渐减少的现象开始逆转；第三阶段是2005年之前，随着"天下名龟出钦州"活动的出现，整个产业开始升温；第四阶段是2012年之前，名龟产业开始火爆；第五阶段是2012—2015年，名龟产业的发展达到了顶峰，龟市最旺，龟价最高；第六阶段是2015年之后，养龟热度下降，严重偏离价值规律的龟价开始理性回归。2017年年底至2018年，产业更是出现了重大转折，龟价跌破人们的预料，龟市出现了前所未有的低迷，整个产业处于大幅度调整的振荡期。

4.2.5　中国养龟产业今后的发展趋势

在目前中国养龟产业处于大幅调整的关键时期，这既是一种发展机遇，又面临着各种挑战。在各种挑战中，如何有效推进龟的精深加工综合利用，从而彻底解决养龟出路问题，是产业从业人员面临的最大挑战。

中国养龟产业发生价格暴跌的现象，确实严重挫伤了养殖者的积极性，对产业的持续发展影响也很大。但即使在这种情况下，养龟人数和龟的存养量还是逐年增加。因为龟价处于低位时更有利于开展龟的精深加工研究和加工综合利用。故近来龟类加工企业不断涌现，数量也越来越多。养龟产业也只有突破龟深加工综合利用这一"瓶颈"，才能彻底找到养龟的出路。可惜这些加工企业都存在规模小、产量低、产品同质化严重和科技含量不高、附加值低等严重问题，故对市场牵动力不强。

此外，作者认为龟的价格虽然下降了，但其所含的生物活性物质不变，即其具有的美食美容、免疫抗衰老、药用保健等价值不变，而且随着人们生活水平的不断提高和饮食保健意识的日益增强，对龟的需求量将会越来越大，故养龟产业目前虽市场低迷，但依然是个朝阳产业，未来的发展前景也很广阔。

第五章　龟的主要经济价值

　　中国养龟及利用龟的历史悠久，龟具有药用、食用、观赏、科研、生态及文化传承等价值，特别是龟的药用和食用价值更为世人关注，所以自古以来就被人们视为食疗和长寿的佳品。而据作者调查，中国养龟产业近年来得以迅速发展，主要在于中国民众对龟具有的价值认知不断深化，从而使龟的需求量猛增；也正是为了满足市场需求和弥补龟类资源的不足，人们才开始养龟，进而揭开了养龟产业发展的序幕。

5.1　龟的药用价值

龟具有提高免疫、抗衰老、防癌抗癌等药理作用，已被大量的民间事例、现代科学实验和临床医学实践所证明。

5.1.1　民间众多事例证明龟具有药用价值

在民间，千百年来中国人民以龟入药，并与各种中草药配伍服用，治愈了许多疾病，消除了很多疑难杂症，在很多古籍中都有记载，如《神农本草经》《本草纲目》《医林纂要》《名医别录》《药性论》《临证指南医案》等，都对龟的药用价值作了详细记述，明代著名药物学家李时珍则认为："玳瑁解毒清热之功同于犀角"，由此说明，海龟也能治病。

5.1.2　龟不同部位的组织，其药性和功效不同

据有关资料介绍，龟不同部位的组织，其药性和功效不同。

龟肉：味甘、咸平、性温，有强肾补心壮阳之功，主治痨瘵骨蒸、久咳咯血、血痢、筋骨疼痛、病后阴虚血弱，尤其对小儿虚弱和妇女产后体虚、脱肛、子宫下垂及性功能低下等有较好的疗效。

龟甲：气腥、味咸、性寒，其主要成分为骨胶原、蛋白质、脂肪、钙、磷、肽类、多种酶及多种人体必需微量元素等，具有滋阴降火、潜阳退蒸、补肾健骨、养血补心等多种功效。据研究，龟甲对肿瘤也有一定的抑制作用。

龟板：是龟的腹甲，又名武元板、拖泥板、败将、神屋，《神农本草经》称之为"上品"，1985年版《中华人民共和国药典》规定用腹甲入药。龟板的主要成分为动物胶、角质、蛋白质、脂肪、磷和钙盐等，其中含无机物（碳酸钙、磷酸钙）36.08%，蛋白质36.14%，其他成分17.78%，其性味为甘、咸、微寒，其功效为滋阴壮阳、益肾健骨和凉血止血。

龟胆汁：味苦、性寒，《本草纲目》称其可治痘后目肿，月经不开。现代医学研究还表明金钱龟胆汁对肿瘤有一定的抑制作用。

龟血：可用于治疗脱肛、跌打损伤，与白糖冲酒服能治气管炎、干咳和哮喘。科学研究表明，龟血还有抑制肿瘤细胞生长的功能。

龟头：可以医治脑震荡后遗症、头昏、头痛等。

龟皮：主治血疾及解毒，古时还用于治疗刀箭毒等。

此外，"乌龟蛋及其提取物也有预防和抑制肝癌、胃癌、急性淋巴性白血病的作用，并用于防治因放疗、化疗引起的虚弱、贫血及白细胞减少等症；对肺结核、贫血、体质虚弱等多种病患亦有一定的辅助疗效；同时，乌龟蛋还有较好的净血作用，常食可降低血液胆固

醇，因而对高血压，冠心病患者有益。"①

5.1.3　现代科学实验证明龟具有抗癌作用

据报道，华南理工大学轻工与食品学院何胜洁、毛新亮和张学武的《金钱龟酶解多肽的分离、纯化及抗肿瘤活性研究》的结果表明：金钱龟的酶解液对人肝癌细胞（HepG-2）的抑制率为92%；对人乳腺癌细胞（MCF-7）的抑制率为67%。该实验研究的具体情况，期刊《中国龟鳖》报道如下：

癌症，是威胁人类生命健康的最大元凶，据我国相关权威机构的统计，每年我国因癌症致死的人数已超过300万人，平均每分钟就有6人确诊为癌症，且每年都在上升，并呈现年轻化趋势。在中国医学界，一直在探索治疗癌症的手段，其中金钱龟对防癌抗癌的功效研究，一直是备受瞩目的焦点。那么金钱龟的防癌抗癌效果到底如何呢？

国家"863"科学计划项目子课题试验数据证明，金钱龟能直接抑制癌细胞，使《黄帝内经》《本草纲目》等古代医书中有关金钱龟的医方与民间传说有了新的科学数据证明。

何胜杰、毛新亮、张学武（华南理工大学轻工与食品学院）针对金钱龟的抗肿瘤效果进行研究，采用分离纯化和活性检测相结合的方法提取抗肿瘤活性多肽。研究内容以金钱龟肉糜为原料，通过可控的酶解技术制备抗肿瘤活性肽，研究中分别用胰蛋白酶、碱性蛋白酶、木瓜蛋白酶和复合蛋白酶对金钱龟肉糜进行酶解，不同分子量的酶解液对HepG-2（肝癌细胞）和MCF-7（乳腺癌细胞）的抑制效果见图5-1和图5-2：

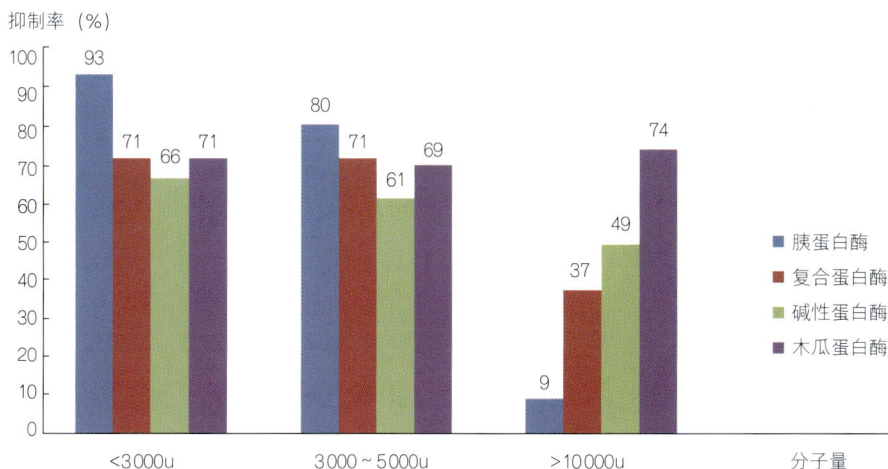

图5-1　不同分子量的酶解液对HepG-2抑制的效果

① 董燕声、高拥军. 龟舟博辑[M]. 吉林：吉林文史出版社. 2018.

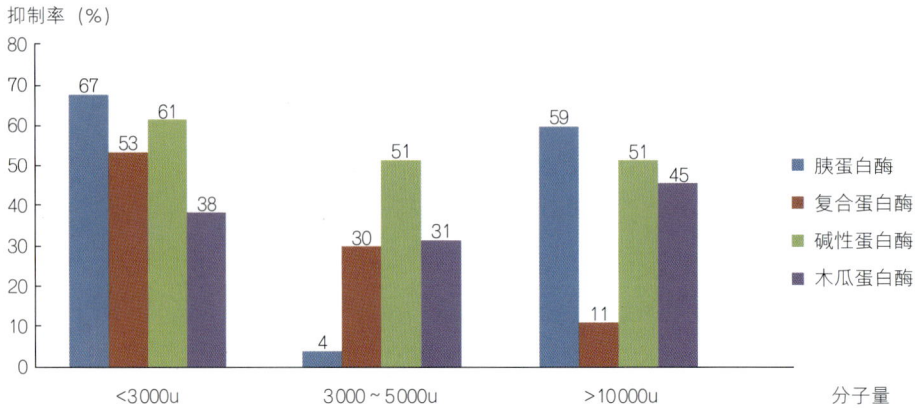

图 5-2　不同分子量的酶解液对 MCF-7 抑制的效果

将四种酶解液依次用 10 000u、5 000u、3 000u 的膜超滤后，每种酶解液都得到了分子量范围分别为 0～3 000u、3 000～5 000u 和大于 10 000u 的酶解液（由于试验样品和酶解程度的原因，4 次平行酶解超滤实验过程中并未得到 5 000～10 000u 的组分），共计 12 种。将各种酶解液冻干所得的多肽粉用 DMEM 配合成浓度为 1mg/mL 的溶液，用 MTT 法分别测试其对 HepG-2 和 MCF-7 两种癌细胞的抑制效果。

由上述图 5-1 和图 5-2 可知，不同分子量的酶解液对两种癌细胞均有一定的抑制作用，且整体来看绝大多数的酶解液对 HepG-2 的抑制效果要强于 MCF-7。此外，当浓度相同时，不同的酶解液对癌细胞的抑制效果也不相同，通过对比发现胰蛋白酶的酶解产物分子量为 0～3 000u 的组分（设为组分 E）对两种癌细胞的抑制作用最强，对 HepG-2 的抑制率为 92.95%，对 MCF-7 的抑制率为 67.08%，因此，选择组分 E 进行下一步的分离纯化试验。组分 E 的紫外可见吸收光谱见图 5-3。

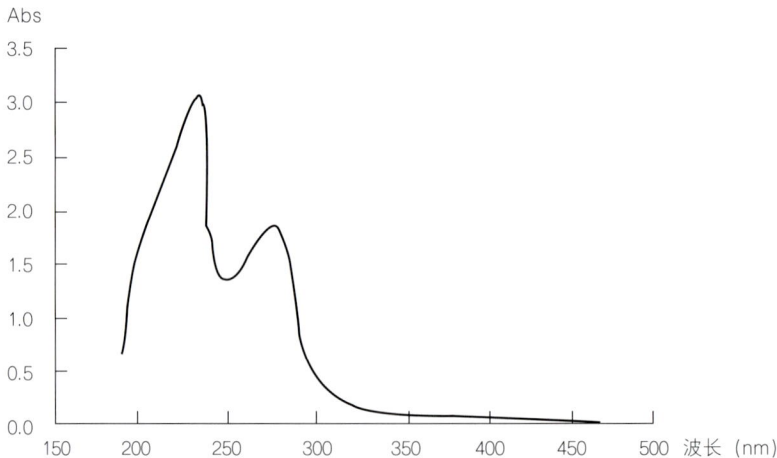

图 5-3　组分 E 的紫外可见吸收光谱

由图5-3可知，组分E主要呈现出两大较强紫外吸收峰，两吸收峰对应的峰值分别是218nm和274nm，因此选用这组数值作为后续分离液的紫外检测波长。

Sephadex G-15分子筛层析：

由图5-4可以看出，组分E经Sephadex G-15分离纯化时，当分离液的检测波长为218nm时，其效果要好于274nm，故选择218nm为紫外检测波长。E经纯化后得到4个组分，分别为E1、E2、E3和E4，将4组分冷冻干燥后保存备用。

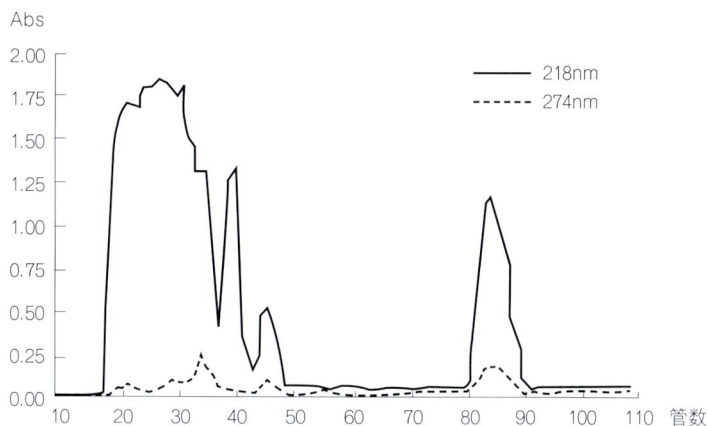

图5-4 不同的检测波长下E的分离纯化结果

E的柱层析产物对癌细胞的抑制效果：

将E1、E2、E3和E4溶于DMEM配制成浓度为500μg/mL的溶液，采用MTT试验方法测得4组分对HepG-2和CMF-7两种癌细胞的抑制效果（图5-5）。

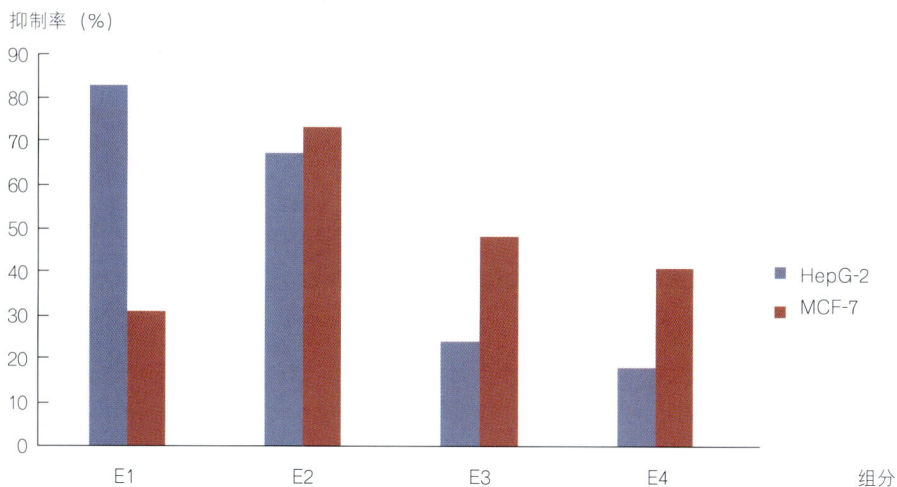

图5-5 不同组分E的酶解液对HepG-2和CMF-7的抑制效果

　　由图5-5可知E1对人肝癌细胞（HepG-2）的抑制作用比较强，抑制率达到了89.10%；E2对人肝癌细胞（HepG-2）和乳腺癌细胞（CMF-7）的抑制作用都比较显著，抑制率分别达到了70.65%和73.70%。将E1、E2和阳性对照5-氟尿嘧啶配制成梯度浓度：500μg/mL、400μg/mL、300μg/mL、200μg/mL、100μg/mL和50μg/mL，分别测得其对两种癌细胞的抑制率（表5-1～表5-3），然后用Origin 9.0求得各组的IC_{50}值（表5-4）。

表5-1　E1对两种癌细胞的抑制效果（$\bar{x}\pm s$, n=5）（%）

浓度（μg/mL）	阴性对照	500	400	300	200	100	50
HepG-2	0	81.95±0.42	80.06±0.36	77.61±0.19	72.18±0.28	54.41±0.17	46.02±0.02
MCF-7	0	34.70±0.16	-	-	-	-	-

表5-2　E2对两种癌细胞的抑制效果（$\bar{x}\pm s$, n=5）（%）

浓度（μg/mL）	阴性对照	500	400	300	200	100	50
HepG-2	0	70.65±0.15	66.40±0.08	62.35±0.23	41.12±0.06	32.76±0.24	32.50±0.09
MCF-7	0	73.70±0.21	67.78±0.09	55.99±0.35	49.60±0.18	49.01±0.41	48.97±0.32

表5-3　5-氟尿嘧啶（阳性对照）对两种癌细胞抑制效果（$\bar{x}\pm s$, n=5）（%）

浓度（μg/mL）	阴性对照	500	400	300	200	100	50
HepG-2	0	76.22±0.15	71.96±0.28	65.49±0.25	58.64±0.42	43.61±0.08	49.42±0.36
MCF-7	0	63.60±0.32	61.30±0.13	53.77±0.17	45.53±0.31	38.51±0.26	34.32±0.18

表5-4　抗肿瘤试验效果

浓度（μg/mL）	E1（IC_{50}）	E2（IC_{50}）	5-氟尿嘧啶（IC_{50}）
HepG-2	77.29	237.64	136.27
MCF-7	-	214.17	245.82

　　由上述表5-1～表5-4可知，E1对HepG-2有显著的抑制作用，并且抑制率与浓度成正相关，通过与阳性对照半抑制浓度比较，说明其对HepG-2抑制效果要强于阳性对照。E2对HepG-2和MCF-7均表现出抑制作用，抑制率同样与浓度正相关，通过与阳性对照半抑制浓度的比较，说明E2对HepG-2抑制效果要低于阳性对照，E2对MCF-7抑制效果要强于阳性对照。

　　本研究以金钱龟为原料，以癌细胞的体外抑制试验（MTT）为筛选条件，结合分离纯化体系最终获得抗肿瘤活性肽。

本研究得出结论为：通过4种不同酶解液结合超滤的初步纯化，得到12种酶解液组分。这12种酶解液组分的MTT试验结果显示，胰蛋白酶的酶解产物分子量小于3 000u的组分（设为E）抗癌活性最强，当其浓度为1mg/mL时，对HepG-2和MCF-7的抑制率分别为92.95%和67.08%。E经过Sephadex G-15进一步纯化得到4个组分E1、E2、E3和E4，MTT实验得出：E1对HepG-2的IC_{50}为77.29μg/mL，其抗癌效果要强于阳性对照5-氟尿嘧啶（IC_{50}为136.27μg/mL）；E2对MCF-7的IC_{50}为214.17μg/mL，其抗癌效果要强于阳性对照5-氟尿嘧啶（IC_{50}为245.82μg/mL）。

总结：以金钱龟为原料，以癌细胞的体外抑制试验比色法为筛选条件，结合分离纯化体系最终获得抗肿瘤活性肽。通过4种不同酶酶解结合超滤的初步纯化，得到12种酶解液组分，这12种组分的比色法试验结果，显示金钱龟胰蛋白酶的酶解物质所得分子量小于3 000u的组分抗癌活性最强，当其浓度为1mg/mL时，对人肝癌细胞和乳腺癌细胞的抑制率分别为92.95%和67.08%。"[①]

5.1.4 现代医学实践证明龟具有抗癌作用

广西钦州市龟鳖协会钟汉明在《拟水龟的药用价值与癌症患者的体验经历》一文介绍：

"我们在广泛查阅古方文献的基础上进行了详细整理，用广西拟水龟以中药辅助癌症病人进行放化疗，收到良好的治疗效果。在化疗期间厌食、恶心、呕吐、腹泻、脱发等不良反应明显减轻，血检各项指标都在正常范围之内，且由于营养充足，身体康复也比较快。2006年，钦州市第二人民医院肿瘤科先后对三名胃癌、直肠癌、乙状结肠癌患者采用奥沙利铂（艾恒）加氟尿嘧啶静脉滴注的同样化疗方案，其中胃癌患者吃了广西拟水龟化疗强身汤，其余两名患者常规饮食，化疗的毒副作用和身体恢复效果截然不同。"观察报告如下。

（1）化疗强身龟汤的制作与食法

龟汤用一只重约1 000克人工养殖的广西拟水龟宰杀后，留用龟头、颈、前肢、甲壳，与中药材黄芪、党参、枸杞、沙参、玉竹各10克，土茯苓20克及250克猪尾骨，加水2 500毫升，一起放入电汤锅煲一晚，每餐饭前喝1碗，每天喝3~4次，除骨头及甲壳外，连渣带汤吃，每煲可吃2天。每星期吃龟一只，其余时间吃鱼汤或鸡煲菇类汤调节口味补充营养。每个疗程吃三只龟。

---

① 中国渔协龟鳖产业分会. 实验数据证明金钱龟能直接抑制癌细胞[J]，中国龟鳖，2016（9）：45-48.

（2）化疗血液检查指标情况表

三名患者的基本情况为：胃癌患者，男，56岁，2006年6月20日手术；直肠癌患者，男，50岁，2006年2月27日手术；乙状结肠癌患者，男，68岁，2006年8月28日手术。三名患者手术后进行化疗，化疗血液检查指标见表5-5～表5-7。

表5-5　胃癌患者术后化疗血液检查指标表

日期	白细胞	红细胞	血红蛋白	血小板	说明
	4.00～10.00	4.00～5.00	120～160	100～300	正常值参考范围
6月13日	6.10	5.02	146	291	手术前
6月21日	15.90	4.84	145	234	6月20日手术后
7月20日	4.92	4.77	136	244	术后一个月，第一次化疗前
7月25日	9.97	4.91	139	259	7月22～24日做了第一次化疗后检查，21日开始吃龟
8月16日	5.94	4.63	132	191	8月12～14日第二次化疗两天后检查，白细胞不降反升，食龟效果好
8月24日	7.54	4.92	139	203	化疗后12天检查
8月31日	4.39	4.87	138	209	化疗后19天检查，将于9月2～4日开始第三次化疗
9月6日	7.58	4.86	139	249	化疗后2天检查
9月9日	7.00	4.93	144	231	化疗后7天检查
9月21日	4.84	4.90	136	179	化疗后19天检查，因出差推迟化疗、停吃龟汤
10月2日	5.16	4.70	133	205	化疗后30天检查
10月9日	8.43	4.65	129	279	10月4～6日第四次化疗后3天检查，10月14日出差，停吃龟汤
10月30日	4.32	4.83	137	182	化疗后26天检查
11月5日	6.39	4.87	140	249	11月1～3日第五次化疗后2天检查
11月13日	4.96	4.65	135	184	化疗后12天检查
11月20日	4.45	4.84	137	176	化疗后19天检查
11月26日	8.30	4.76	137	209	11月22～24日第六次化疗后3天检查

资料来源：广西钦州市第二人民医院肿瘤科。

表5-6 直肠癌患者术后化疗血液检查指标

日期	白细胞	红细胞	血红蛋白	血小板	说明
	4.00～10.00	4.00～5.00	120～160	100～300	正常值参考范围
6月6日	3.22	4.09	122	126	入院2次化疗
6月14日	3	3.89	118	156	7日用药
7月5日	3.31	4.06	122	128	入院第三次化疗
7月14日	15.99	3.76	114	153	6日用药，用药后打针升白细胞
8月1日	3.06	4.02	122	151	入院第四次化疗
8月5日	8.67	4.15	127	158	5日用药，打针升白细胞
8月8日	3.74	4.1	124	169	化疗后检查
8月10日	12.44	3.9	121	155	打针升白细胞
8月31日	2.62	3.83	117	126	28日入院
9月2日	2.99	3.9	121	128	2～4日用药
9月5日	12.83	3.82	116	138	6日用药，用药后打针升白细胞
9月13日	21.83	3.83	115	117	打针升白细胞

资料来源：广西钦州市第二人民医院肿瘤科。

表5-7 乙状结肠癌患者术后化疗血液检查指标

日期	白细胞	红细胞	血红蛋白	血小板	说明
	4.00～10.00	4.00～5.00	120～160	100～300	正常值参考范围
9月28日	5.11	4.19	108	186	入院2次化疗
10月4日	3.15	4.11	108	134	9月30～10月2日用药
10月21日	4.28	4.5	117	113	22～24日用药
10月25日	4.19	4.29	113	131	入院第三次化疗
11月11日	3.23	3.93	105	100	入院第四次化疗
11月15日	16.49	4.23	112	87	打针升白细胞
11月20日	3.02	4.23	111	52	16～18日用药
12月27日	4.51	4.31	116	177	入院第五次化疗
12月13日	3.86	4.16	110	92	9～11日用药

资料来源：广西钦州市第二人民医院肿瘤科。

（3）化疗效果分析

对三名癌症患者化疗过程中的血检查进行对比分析，食用龟汤的癌症患者各项指标都明显优于不食龟汤的患者。

①白细胞：胃癌患者6次化疗16次血检，在4.0～5.0的6次，5.1～7.0的有4次，7.1～10的有5次；直肠癌患者术后化疗5次，每次化疗前白细胞指数都低于正常值4.0以下：分别为3.22、3.31、3.06、2.62。每次都靠打针提升白细胞后才能进行化疗，化疗后白细胞指数都超过正常值10.0以上，分别为15.99、12.44、12.83、21.88；乙状结肠癌患者术后5次化疗，化疗后白细胞都明显下降，分别为3.51、4.28、3.23、3.02、3.86每次化疗后都靠打针用药来提升白细胞。

从三名癌症患者化疗过程的白细胞升降情况来看，化疗药物的毒副作用明显，用药后检测白细胞都下降，除吃龟汤胃癌患者白细胞基部正常外，其余癌症患者均低于正常值4.0以下，最低达2.62。出现白细胞最低谷时间，胃癌患者是在用药17天后，而直肠癌、乙状结肠癌患者出现在用药后2天，打针提升白细胞后的变化因缺乏血检资料无法对照。胃癌患者术后第一次吃龟汤，白细胞从4.92上升至9.97，到第一次化疗17天后的3.60，上升到第二次化疗后的5.94、7.54；表明喝龟汤后促进人体内生成白细胞作用明显。肠癌患者靠打针升白细胞才开始化疗，化疗后白细胞的超过正常值10.0以上，造成免疫系统机能亢进，也不利防治并发症的发生；而胃癌患者白细胞一直稳定在5.94～9.97的水平，有效地保护人体免疫系统不受破坏。

②红细胞：胃癌患者红细胞在化疗过程中保持在4.63～4.91波动，升降波动幅度不大；直肠癌患者每次化疗用药后，红细胞下降明显，低于正常值4.0以下，分别为3.89、3.76、3.90、3.83、3.82、3.73，且用了提升红细胞的针药后，红细胞指数都没有升回正常值；乙状结肠癌患者在化疗过程中红细胞指数在4.05～3.93徘徊。第三次化疗后红细胞低于正常指数的3.93。这一组数据表明，使用化疗药物对造血功能损害明显。

③血红蛋白：胃癌患者在化疗期间血红蛋白在正常范围129～144波动，只是在使用化疗药物后出现小幅下降，以后缓慢回升，升降波动幅度不大；直肠癌症患者每次化疗两天后的血红蛋白检查结果均低于正常值，分别是118、114、117、116、115；乙状结肠癌患者血红蛋白在整个化疗期间都低于正常值，分别是108、108、113、117、105、112、111、116、110。说明化疗药物对患者血红蛋白抑制明显，饮用龟汤能有效保护血红蛋白的生成。

④血小板：胃癌患者在化疗期间血小板在176～279正常范围内波动，每次波动最低值都出现用药后的17天，以后又逐步回升，回升幅度比较明显；直肠癌患者血小板指数在化

疗期间一直在169～177波动；乙状结肠癌患者血小板指数在52～186波动，在第三、第四次化疗后血小板指数低于正常值，分别是87、52、92。

（4）疗效讨论

癌症患者在使用化疗药物后体内白细胞、红细胞、血红蛋白、血小板都会明显下降，胃癌患者各种指标最低值出现在化疗后第17天，喝了龟汤后，各种指标明显回升，尤其是白细胞指数明显高于手术前的6.10，身体各项指标正常平稳，保证化疗持续进行。而不喝龟汤的直肠癌、乙状结肠癌患者，用药两天后各项指标都出现最低值，白细胞指数虽然靠打针用药短时间内急剧上升，却引起免疫系统亢进，而红细胞、血红蛋白、血小板指数都没有提升，化疗用药4小时后，患者普遍出现恶心、呕吐、腹泻、厌食、脱发等毒副反应明显。而喝龟汤的胃癌患者表现较轻，食欲正常，保持身体营养，以支持化疗顺利进行。由此可见，强身龟汤发挥了药膳扶正祛邪的效果，有效提高了患者的抗病力，有利患者身体机能的恢复。[①]

此外，作者为了进一步求证龟的防病抗癌作用，2017年5月19日，到广东省惠州市博罗县采访了吴惠民先生。吴惠民先生是惠州市博罗县龙溪镇人，现任惠州市龟鳖协会会长，他十分相信科学，不仅应用科学方法养龟，他还亲自研发、参与和指导制作"老吴头龟苓膏"（图5-6），此产品赢得用户的一致好评。也正如吴惠民先生所说："我感觉做龟苓膏挺好的，借此兄弟姐妹可以经常聚会吃龟苓膏补身体，又可帮助到有需要的人群，而且可以消费自己养的龟，从而赚点钱维持龟场的正常运作。"他还说："希望各地有条件的养龟人都生产龟苓膏，生产出有龟胶的龟苓膏，让食用者感到龟苓膏确有功效，从而在各地产生共鸣，以促进龟的消费。只有更多的人生产龟苓膏，才会有更多的人食用龟苓膏。现在的人生活越来越好，从而更加注重自身及家人的健康。龟的消费市场潜力巨大，但现在的问题是缺少宣传，所以很多人不知道养龟和食龟的好处。我们希望更多的人认识龟和了解龟，进而让龟的保健和药用价值得到充分发挥，那么龟就能为人类的健康、长寿作出更大的贡献，这才是我们养龟人和各地龟协组织应该做的头等大事。"对此，作者十分赞同。

另据吴惠民先生介绍，2015年其82岁的母亲经常说身体不舒服，于是带她到医院检查，检查结果为原发性肝癌，后经

图5-6 吴惠民先生亲自研发、参与和指导制作的"老吴头龟苓膏"

---

① 中国渔协龟鳖产业分会. 中国龟鳖[J]，2016（3）：30-33.

医生会诊，确定需要作手术切除治疗。手术前，吴先生先后宰杀了6只老龄石金钱龟熬汤给他母亲喝，以补充营养和增强抗病力，然后再送她到广州中山大学附属医院作肝脏肿瘤切除手术。令人想不到的是，手术后的第二天老人居然能自行提着输液瓶上厕所，面对这样的大手术和82岁的高龄病人来说，真是个奇迹，让在场的医护人员感到震惊，而给老人家做手术的科室主任则说，这是本医院建院以来遇到的第一例！因此，医院特为老人家颁发了"五星级病号"牌匾！老人家术后不用做化疗，在医院仅留医观察一星期便出院了。出院回家至今，已有3年多了，老人家除定期喝龟汤进行食疗和保健外，没做过其他治疗，但身体却恢复良好（图5-7和图5-8）。由此证明龟确实具有提高免疫力和防病抗癌作用。

正当吴惠民先生一家人为其母亲病情恢复而高兴时，他85岁且身体一向健康的父亲却于2016年2月，咳出大量血液，于是到当地医院检查，检查结果也是癌症，而且还是中晚期肺癌。对此，他只好和家人商量将父亲转到广东省肿瘤医院治疗，医院医生认为病人的病情严重且年纪太大，不适宜作手术治疗，建议采用保守疗法。因此，吴先生只好同样坚持每周宰杀1只老龄石金钱龟熬汤给他父亲补充营养，一直喝至2016年年底，奇迹又出现了，他父亲咳嗽基本停止了，体重也恢复原样了，精神也比较好。

图5-7　吴惠民先生（左1）和他父母（中）及作者夫妇（右）　　图5-8　吴惠民先生（前左4）全家福，前排中为父母

5.2　龟的食用价值

龟具有营养保健、美食美容和延年益寿等食用价值，也经民间众多事例证实和科学研究证明。可以说，自古以来中华民族就将龟视为高级补品和食疗佳品，尤以龟为主料烹饪的食

品，更是成为酒店、宴席上高档的美味佳肴。如明代李时珍所著的《本草纲目》中就有"石龟能通任脉，故取其甲以补心、补肾、补血，皆以养阴也"。[①]

根据中医学药食同源理论，中国人对有益于健康的食品都有比较深的了解，如民众普遍认同食用龟有增强抗病力和延年益寿等功效，所以中国人以及东南亚、欧美等地人民，都喜食龟以养颜美容、保健强体、抗病抗衰老和医治各种疑难杂症，这也是近年来中国活龟及其加工产品（龟壳、龟胶等）在国内销售好，外贸出口势头也渐好的原因。

龟具有很高的营养价值，据有关资料介绍："龟肉、龟卵营养丰富，味道鲜美，所谓'龟身五花肉'，即是指龟肉含有牛、羊、猪、鸡、鱼5种动物肉的营养和味道。现代研究表明，每100克龟肉含蛋白质16.5克、脂肪1.0克、糖类1.6克，并富含维生素A、维生素B_1、维生素B_2、脂肪酸、肌醇、钾、纳等人体所需的各种营养成分。"[②]因为它食性杂，生长慢，经历多年的春来秋往和风吹雨打，体内累积了大量营养要素，其中蛋白质含量远高于牛、羊、猪等动物肉，而脂肪含量却低于鸡和鱼，所以龟肉鲜美，营养价值高。

此外，"乌龟蛋的营养价值也比较丰富，根据最新的研究表明。乌龟蛋具有防止动脉硬化、高血压、糖尿病等功效，也具有一定的抗菌防癌和抗衰老等作用。乌龟蛋中蛋白质含量是鸡蛋的1.84倍，钙的含量是鸡蛋的4.2倍，核黄素的含量是鸡蛋的2倍，而胆固醇含量却只有鸡蛋的1/9，总糖含量是鸡蛋的1/16，总脂肪含量是鸡蛋的1/2。与鸡蛋相比，乌龟蛋是一种高蛋白、低脂肪、低糖和低胆固醇的营养保健佳品，具有更高食用价值。而且乌龟蛋在山珍海味里属于"八珍"中的一珍，口感很好，也是一道名贵的菜。"[②]

5.3　龟的观赏价值

近年来，观赏龟不仅受到人们的关注而成为宠物市场的一个新品种，而且随着休闲文化的发展，更是成为人们陶冶性情、放松心境和投资收藏的新宠。

"观赏龟"与"宠物龟"两者是两个不同的概念，即观赏龟已远远超出了一般"宠物"的概念范畴。两者的最大区别在于：宠物龟是继"猫、狗、鱼、鸟"等之后出现的另一类宠物，其主要用于娱乐和消闲，非经济目的，如红耳巴西龟、乌龟等；而观赏龟则除有观赏、玩乐价值外，还有投资、增值和收藏等功能，饲养是具有经济目的的，如金钱龟、金头闭壳龟和黄缘闭壳龟等。但要特别说明，观赏龟与宠物龟之间没有明确的区分标准。

①②董燕声，高拥军.龟舟博辑[M].吉林：吉林文史出版社，2018.

　　观赏龟的价值主要是观赏，观赏龟体型优美，色泽艳丽；有丰富的文化内涵和美好的寓意；生长速度适中，并具有相对恒定的观赏年份；能使人陶冶性情。也就是说，观赏龟的最终消费目的还是观赏，因而饲养观赏龟是一种休闲生活，是一种文化活动，它拥有健康长寿和富贵吉祥的美好寓意。如金钱龟外表金黄，底板通红，且性格温顺，富有灵性，显得高雅美观，令人赏心悦目，故有"世界观赏名龟"之称，不少家庭将其饲养于家中，以显示高贵和富有，同时在茶余饭后可以观赏，使生活更有品位（图5-9）。

图5-9　名贵观赏龟（左为金钱龟，右为黄缘闭盒龟）

　　现在生活节奏快，人们生活压力大，需要舒解和释放，以达到健康的目的，而养殖观赏龟正好适合和满足人们这种需求。因为龟行动缓慢，而且遇到攻击或惊吓时，能立即将头和四肢缩入壳内，十分可爱；当它伸展四肢，昂首翘望时，炯炯有神的眼睛会透射出一丝丝灵气。所以亿万年来，任岁月流逝，多姿多彩的龟一直驮负着厚重的甲壳，以其淳朴的气质，儒雅的体态，流畅的体形，悄无声息地向人们展现着异乎寻常的魅力。[①]

　　龟是地球上一类古老的动物，很容易养殖。在饲养过程中，即使人们外出十天或半个月没法喂它，也没关系；平时人们因繁忙而忽视了它的存在，它也是耐着性子静静地等待；室内水盆，楼上水池和室外池塘或草地（陆龟），它均能安家；其食性很杂，如小鱼小虾，瓜果嫩草等，都能为食。龟这种随遇而安和甘于寂寞的生存之道，很值得人们效仿；饲养龟，可使人们在纷繁躁动的生活中寻找一份安逸和清静。

　　此外，日常生活中有很多东西值得欣赏、收藏和传承，而其中龟既可观赏娱乐，又能繁衍升值产生经济效益，随着社会的进步和人民生活水平的提高，饲养观赏龟的人越来越多，因而观赏龟具有很大的潜在市场。

_____

①中国渔协龟鳖产业分会. 中国龟鳖[J], 2017（2）：27.

5.4　龟的科研价值

龟是一类古老的水陆两栖动物，活动性慢，有冬眠习性，寿命长；其身体形态常呈长圆而扁，背部隆起，有坚硬的外壳，四肢短，趾有蹼，头、尾和四肢都能缩入甲壳内。喜欢群居，在野外常栖息于河川、湖泊、池塘、溪流或岸边潮湿的土地上，有时会爬到农田上活动和觅食，其中头部呈鹰嘴状的平胸龟还能攀岩附壁，性情活泼。龟在自然界中以鱼虾、蠕虫、贝类等动物和瓜果、蔬菜、嫩草等植物为食，人工养殖除了可投喂这些动植物外，还可投喂人工配合饲料。雌雄异体，体内交配受精，通过卵繁衍后代。这些是龟的基本生物学特征和特性。

龟是开展生物学研究的最佳样本。因为生物学研究的就是生物的种类、结构、功能、行为、发育、演化及其与环境关系的科学。该学科源自博物学，并经历了实验生物学、分子生物学和系统生物学等时期。生物学根据研究对象，可分为动物学、植物学和微生物学等；根据研究内容，可分为解剖学、生理学、生态学和遗传学等。龟具有的多种特征和特性，正是这些学科研究的好材料，如冬眠习性、耐饥饿、长寿等特性，以及免疫、抗衰老和防病抗癌等作用，均是很好的科学研究课题，如能揭示其中的奥秘并加以充分利用，将会获得重大的科研成果，对人类将发挥巨大作用。龟为变温动物，体温一般比气温低，当天将要下雨时，其背甲会凝结出水珠或变得潮湿，这种神奇现象可为预测气象提供参考；龟有导向功能，如海龟能定时定点作长距离生殖和生长洄游；龟通人性，被放生后常常能重返原主人家里；龟能利用其特殊的生理构造躲避天敌侵害，可通过冬眠度过严寒，还可通过夏眠消暑度夏，甚至通过长时间睡眠抗拒饥饿等。这些都很值得我们研究。

再有，经生物细胞学研究发现，动物的成纤维细胞繁殖代数与动物寿命呈正相关，而龟的成纤维细胞体外培养高达117代，但人的仅达50代，龟的成纤维细胞繁殖代数之多，寿命之长，在动物界非常罕见；再者，龟的心脏离体后竟能在体外搏动2天之久。这些对研究和探索人类生命活动规律和长寿的奥秘都有重大意义。而龟含有的长寿因子、免疫活性物质、保健抗衰老和防病抗癌等成分，更是研究人类保健食品和疾病防治药物的重要内容。

此外，龟被人们誉为"活化石"，根据古生物学的研究，它出现在鱼类和两栖类动物之后，鸟类和哺乳类之前，距今2亿多年，属于由水生向陆生进化过渡的动物。这一点就使其极具科学研究价值。龟在漫长的时代更替与生死轮回过程中，由于地壳变动和气候的变化，使分布在不同环境中的龟都经历了亿万年的自然选择，通过遗传与变异适应了环境而生存下来，并繁衍成海龟、陆龟、淡水龟、水陆两栖龟等多个品种，且各有千秋。其顽强的环境适应能力和生命力，值得人们研究和探索。

　　一般认为，龟生长缓慢，性成熟晚，具有保护作用的坚硬外壳，在不良环境下有休眠行为，抗压力强，代谢率低，极耐饥饿等特点，都有利于龟的长寿。据有关资料介绍，广西钦州市白屋村人收集到的野生龟，大都有200～300年的龟龄；1994年11月3日，中央电视台《东方时空》播出巨龟放生西湖的消息，据林业部和全国野生动物保护协会的专家介绍，这次放生的巨龟有31只，平均寿命在700年以上，最重者达40.5千克，寿龄2 000多岁。[①]

　　由上可见，一只龟就像一本生物百科全书，龟的一个特性就如一个学科，其中有很多东西值得我们学习和研究；拥有一只龟就像拿到了一把开启生物科学研究的钥匙。

5.5　龟的生态价值

　　龟类是自然界的组成部分，是动物多样性中不可缺少的成员。但目前在自然界中，由于植被的破坏，环境的污染和人类的捕杀，野生龟资源越来越少，甚至有些种群在自然界中已灭绝。[②]所以开展龟的人工养殖和进行龟的合理利用，不仅可保存龟的物种资源，延续物种生存和扩大种群数量，而且有计划地放归自然，可补充自然界生物种质资源不足，保护生物物种多样性，从而维持生态环境平衡，故龟具有生态价值。

5.6　龟的文化价值

　　龟具有重要的文化价值，中国龟文化由与龟相关的中国古典神话、民俗故事、美食、观赏娱乐活动、医药保健及博览展示等方面的文化构成，其文化丰富多彩和独具特色。并且龟对中华民族文化，特别是对汉文字学、传统人文科学和艺术学等方面起到了重要的传承、传播作用。而近年来中国养龟产业的迅速发展，则进一步丰富了产业文化和科学文化。中国主要的龟文化可概括成如下几个方面。

---

①董燕声，高拥军. 龟舟博辑[M]. 吉林：吉林文史出版社，2018.
②中国渔协龟鳖产业分会. 中国龟鳖[J]，2017（2）：23.

5.6.1 龟被视为灵物，象征长寿、吉祥和富贵

（1）龟被视为灵物

在远古时代，人们就把"龟、龙、凤、麟"合称为"四灵"或"四神"，其中龟是介中之王，龙是鳞中之王，凤是禽中之王，麟是兽中之王。但其中龙、凤、麟都是虚构的，唯有龟是真实存在的爬行动物。

古人认为龟能鉴古知今，且其背上又隐含着玄妙莫测的纹理，因此被用于占卜，这也是出于人们对龟崇拜而产生的。龟卜一般在天子或诸侯决定重大事项时用，如《殷墟书契考释》中说："凡卜祀者用龟，卜它事者以骨。"龟卜是占卜者通过钻凿灼烧龟甲，使之产生裂纹以预测吉凶。而将卜辞刻于龟甲或兽骨上保存起来，就是我们现在所说的"甲骨文"。中国商代既是龟卜文化的鼎盛时期，也是系统卜法的形成时期，龟卜的内容、对象甚广，凡祭祀征戎、宴饮祝寿、生死存亡、婚丧嫁娶、建造宫室和农业渔猎等，都在龟卜之中。

（2）龟是长寿的象征

因为人类惧怕死亡，所以对龟的长寿产生了崇拜之情。古人之所以朝拜龟，就是希望龟这一有灵性的生物让自己及亲朋好友更加长寿。在众多的古籍中也有不少关于龟长寿的记载，如《史记·龟策列传》就记录了一个故事："南方有老人，用龟支床足，行二十余岁，老人死，移床，龟尚生不死。"《论衡》说："龟三百岁大如钱，游华叶上，三千岁则青边有距。"任昉的《述异记》说："龟一千岁生毛，五千岁谓之神龟，寿万年曰灵龟。"唐人白居易的《效陶潜体》也有"松柏与龟鹤，其寿皆千年"的诗句。《大戴礼记》也云："有甲之虫三百六十，而神龟为之长"。龟的长寿被神化以后，其长寿的自然属性便升华为一种文化，龟也就成了中国人的生命图腾。因此，人们就会借龟之名，效龟之行，以追求长寿。

据《世界吉尼斯世界纪录大全》记载，海龟的寿命最长可达152年。1930年有人在长江内发现一只洪武七年放生的龟，已500多岁。而据科学研究表明龟的寿命可长达300岁以上，由此可见，人的寿命与龟相比可谓相差甚大，正是这一事实让龟受到人们的羡慕。

龟长寿的奥秘普遍认为在于其伸颈可以吞气，可以延生；缩颈于壳，可以避险；肺可贮大量空气，且呼吸缓慢，因而体能消耗极少；龟极耐饥饿，其缩在坚硬的甲壳里不动，长时间不吃、不喝，可靠"龟息"之法长期生存。"龟息"就是说练气功时，要像龟那样缓缓地呼气，这样才能长寿。"清静无为，修身养性"是中国道家崇尚的目标，更是龟的行为典范。上面所说的"效龟之行，以求长寿"，意义就在于此。

（3）龟是权力与地位的象征

龟是权力与地位的象征，所以在古代只有天子和诸侯才可用与龟相关的物品。如古籍《礼记》载："诸侯以龟为宝，以圭为瑞，家不宝龟，不藏龟。"唐孔颖达疏："卿大夫也，大夫卑轻，不得宝龟。"又如在汉代，象征皇位的鼎就铸上了龟纹，称为"龟鼎"，有隐含帝位与龟同寿之意；《史记·龟策列传》上也载："龟者天下之宝也，先得此龟为天子"；官印上方的印纽都雕成龟形，称为"龟纽"；古代罢官则称为"解龟"；在唐代，龟形佩物则是官员地位高低的象征，用"金龟、银龟和铜龟"区别官品。

古代形成了以龟为贵，以龟为用之风，甚至把龟视为国宝，如《尚书》就云："宁王遗我大宝龟。"龟在古人眼里是神圣和伟大的，许多古老民族都产生过一种非常相似的神话，认为大地在水上漂浮，由某种神圣动物驮负着，这种驮负动物最常见的就是龟。中国古代也有鳌托大地的传说（鳌，大龟也），载于《列子》《淮南子》等古籍（图5-10）。

图5-10 龟驮图（图片来源：作者拍摄于高州城西岸宝光塔旁）

龟被赋予了驮地撑天的神力，所以在帝王将相的灵前，常有石龟驮负的高大碑刻，其意为赞誉死者功德通天达地，英名地久天长。在唐朝，三品以上的官员都佩有金饰龟袋，称为金龟，所以后来身任高官厚禄的夫婿，就被称为"金龟婿"。如唐代李商隐的《为有》诗就说："无端嫁得金龟婿，辜负香衾事早朝。"另外，在唐朝，五品以上的官员死后，都被赐予墓碑下配以龟形石座，称作"龟趺"。[1]

---

[1]董燕声，高拥军. 龟舟博辑[M]. 吉林：吉林文史出版社，2018.

（4）龟是吉祥和富贵的象征

龟作为四灵之一，同其他三灵一样代表着吉祥如意。自古以来，龟被认为是先行先知的灵物，能给人们带来祥瑞之气；很多人认为在家中摆放几个龟的饰品，可以化阴补阳，调节室内阴阳平衡和天然磁场，能补运气和旺财位，并寓意平安吉祥。

龟在中国古代显得很神秘，人们普遍认为是吉祥之物，故在传统的吉祥图案中，"龟龄鹤寿"是经常使用的装饰题材。自古以来，人们就认为龟有预测吉凶的灵性，所以有"灵龟"和"神龟"之称，如《左传》中就有"龟兆告吉"的记载，特别是在商朝，不仅奴隶主信鬼神，一般老百姓也信，上至国家大事，下至私人生活细节等，都要用甲骨占卜吉凶，并把占卜的结果留存下来。

目前，沿海有些渔民还视龟为吉祥之物，常把捕获的海龟送回大海。而现在也有人将金钱龟饲养于家中，寓意"金钱归来"。

5.6.2　中国的文字起源于龟甲骨文

上述章节已提过龟甲骨文起源于"龟卜"，而中国的文字则起源于龟甲骨文。"甲骨文在3 000多年前的商代已经通行，迄今已出土这种刻有甲骨文的甲骨片达15万片以上，5 000多个单字，说明龟甲骨文已经形成较完整的文字体系，不过现在还有1 000多个单字尚未能解读。清官刘鹗从各地收买的5 000多片有文甲骨中，挑选了1 058片，编辑成《铁云藏龟》一书，这是甲骨文的第一部著录书。"[1]

甲骨文的出现，使华夏民族首次有了语言，也使中华民族文化的传播有了媒体，大大加快了中华民族文明史的进程。甲骨文还记录了当时社会各个领域的历史和汉文字的发展状况，为后世研究殷商时期的政治、军事、经济及文化等方面提供了宝贵材料。如在河南安阳出土的祭祀狩猎涂朱甲骨文，共160余字，就记录了商王组织的一次大规模狩猎活动，这是有关商代社会生活的重要史料；同时，出土的还有一片甲骨文，经考证上面刻有商王武乙时期有关月食的观测纪录。后来证实此次月全食发生在公元前1173年7月2日。[2]

5.6.3　龟对中国货币的发展发挥了重要作用

从原始社会以龟作为实物货币开始，至汉代发展为龟币，期间长达数千年。如梁启超的

---

①董燕声，高拥军. 龟舟博辑[M]. 吉林：吉林文史出版社，2018.
②吴遵霖，曾旭权. 中华龟鳖文化博览[M]. 北京：中国农业出版社，2007.

《中国古代币材考·龟币》中记载："古代用龟币，以全龟为之者固多，然割裂之者亦不少，盖势之所趋，不得不尔也。"《资治通鉴·王莽始建国二年》中提到，龟作为实物货币是以龟的大小分成了四个等级进行估价的。到后来人们将龟宰杀，取出龟肉供人食用，才以龟壳作为货币；接着发展到将龟甲上的每块盾片制成一个个龟币而流通使用；至春秋晚期和战国末年，楚国才铸成一种面凸背平，椭圆形，似龟甲的蚁鼻钱（即龟形钱）代替龟壳币使用。西汉时期的汉武帝制造龙文、马文和龟文等货币使用，其中龟文者值三百。此外，在古代流行的龟币中，黄缘龟币最为珍贵，这是因为黄缘龟甲壳上的盾片纹理清晰，制成的龟币美观漂亮。由此表明，龟在我国货币的发展上发挥了重要作用。

5.6.4　龟文化渗透中国古典哲学

中国古代哲学中的阴阳五行学说从战国开始就已经兴起，它最早把宇宙物质概括为"金、木、水、火、土"五种基本元素，龟不但代表着元素中的"水"，还代表颜色中的"黑"，占据着方位上的"北"，象征着品德中的"智"。由此可见，龟文化早已渗透中国古典哲学之中。

在古人眼里，龟是整个宇宙的缩影。龟背中间五块脊盾，代表水、火、木、金、土五行；两侧八块肋盾，象征地、山、水、风、雷、火、泽、天；下边二十四块缘盾代表二十四个天象（节气）。后来人们根据二十四个天象来安排农事活动。

古典哲学中的"阴阳五行"学说，对中华民族文化影响深远，在几千年以前形成的这一理论体系，对当今的中国传统中医中药学、人体科学和传统农牧业等，都有重要参考价值，所以说龟对中国古典哲学的形成和发展起到了积极作用，并成为其载体之一。

5.6.5　龟在中国古典名著中充当重要角色

在中国绚丽多彩的古典文学中，尤其是民间文学、章回体小说和诗词中，龟常充当了不可或缺的角色，成为坚韧、灵巧和长寿的"神物"。如罗贯中的《三国演义》第四十九回"七星坛诸葛祭风，三江口周瑜纵火。"说的就是诸葛孔明出演的一台"南屏山设七星祭坛，借东风火烧赤壁"的大破曹操的好戏。其采用的"奇门遁甲八卦天书"布阵，八卦与龟背甲或腹甲上的裂纹有关。可见，中华先哲已能运用八卦观测天象和预报天气，并成功应用于重大军事行动。又如施耐庵和罗贯中的《水浒全传》第七十六回"宋公明排九宫八卦阵　大破童贯官军"的内容，也依然使用了现实龟鳖参与的八卦阵。

唐朝《古今图书集成》中的"瑞龟游宫沼赋"，说的是至高无上的一国之君，竟然屈驾宫沼亲自为百官出题，专门为一对雌雄乌龟写赞歌，"以议其瑞"。这也是古籍中较早评价龟为"介虫之长，实曰灵龟"。还有《晋书·毛宝传》讲的是晋代豫州刺史毛宝，他的一个士兵到街上买回一只小白龟，养大后不忍杀戮而将其放生于长江。不久战争爆发，毛宝的部队溃败，士兵纷纷堕入江中，在此危急之时，一只白色巨龟从江底浮出，托住那个放生它的士兵送到岸上，使他保住了性命，其他士兵均被淹死。由此说明龟能知恩图报。

除上述文学名著和寓言故事外，涉及龟的文学作品还有很多，如《西游记》《乌龟历险记》《新龟兔赛跑》《鸳鸯梦》等，龟都以主角或配角亮相。此外，在诗词歌赋中，对龟的吟诵也很多，如三国时期曹操的《龟虽寿》、北齐时期赵儒宗的《咏龟》、唐朝李白的《杂歌谣辞·襄阳歌》和《对酒忆贺监二首》、韩愈的《琴曲歌辞·龟山操》、李贺的《舞曲歌辞·拂舞辞》、李商隐的《为有》和《高松》、李群玉的《龟》等，其中魏武帝曹操的《龟虽寿》，是中国古文学借龟言志的典范之作。可见龟在中国古典名著中确实充当了重要角色。

此外，古代还有很多名人以龟为名作号，如汉代五原太守陈龟；唐代音乐家李龟年，文学家陆龟蒙和宰相崔龟从等。而现在在养龟界也有多个较为有名气的人以龟为别名，喜欢别人以别名称呼他们，如龟叔、龟伯、龟田（田为姓）、龟妈等，这是一种尊称。这说明古代人和现代人对龟的崇拜和喜爱。

5.6.6　龟形艺术品是文化传承的一种方式

中国龟文化源远流长。除上述大量文字、文物和文学作品外，还留下了各种材质和不同类型的龟形工艺品、精美艺术品及与龟有关的画作等（图5-11），直至进入"信息时代"的今天，龟形艺术品仍不断推陈出新，动画影像里面。尤其值得一提的是中国龟文化不仅从时

图5-11　龟形工艺品

间上穿透时代，影响深远，而且这些工艺品很早就向世界各地，尤其是东南亚、日本和欧美等地渗透和传播。在风靡一时的大片《海底世界》《忍者神龟》等作品中形形色色的各种龟类，给人们留下了深刻的印象。[①]

此外，中国古代龟的形象都是以具象存在的，一般来说形状都惟妙惟肖，任何人一看就知道是龟（图5-12～图5-13），如依照龟的形状筑成的山西平遥龟城和四川成都龟城等。[②]

图5-12　龟形工艺品（图片来源：作者拍摄于2017第三届上海龟谷展）

图5-13　龟图茶具（图片来源：作者拍摄于2017第三届上海龟谷展）

从西安的碑林到全国各地的名胜古迹，也都有不少著名碑碣安放在石刻的龟背上，所谓"龟趺负穹石，浮语极褒侈"的出处就在这里。用龟来命名的山川、地名就更多了，如龟山、

---

①②董燕声，高拥军. 龟舟博辑[M]. 吉林：吉林文史出版社，2018.

龟川、龟谷等，据不完全统计，在全国各地共有24座龟山；至于龟壳，本身就具有很高的工艺制作价值，可制成各种美丽的工艺品。

5.6.7　龟的食用与药用文化广为流传

中华民族历来都将龟视为食疗佳品，特别是将龟入药配伍各种草药，治愈了许多疾病，增强了人们体质，因而人们对之试验、收集案例和著书立说等，成为民间龟文化的一大特色，如《神农本草经》《本草纲目》《医林纂要》《名医别录》《药性论》《临证指南医案》《本草正宗》《本草求真》等古籍名著，就对龟的食用和药用价值作了详细记述，是人类珍贵的文化遗产。

龟作为四灵之一，不仅具有传说中的灵性，而且全身都可作药，是中国传统中医药的名贵药材。如《本草纲目》中记载："龟鹿皆灵而有寿。龟首常藏向腹，能通任脉，故取其甲以补心、补肾、补血，皆以养阴也。"可见古人很早就知道了龟具有药用保健功效。相传在秦始皇时期，南山道长取"龟膏鹿脂"奉旨炼丹，年复一年，煎熬煮烤，终于炼成"龟鹿金丹不老丸"。秦始皇服后果然气血两旺，精神大振，乃赐道长"至尊天逸大师"封号。南山道长自知"不老丸"仅能延寿，非不死之药，为避杀身之祸乃星夜逃出京城，潜入南海（今福建南部）隐匿。[①] 从此，龟鹿金丹不老丸就在海南岛上生根发芽。

此外，在中国的饮食文化中龟被认为是滋补食品，以龟为主原料的中式菜肴在中国也成了一绝，如最出名的一道菜就是"霸王别姬"。这道菜为徐州名菜，其主材料由"霸王别姬"的故事而来。以龟为材料的中国菜肴还有人参鹿茸炖乌龟、红烧乌龟、柴胡白术炖乌龟、砂锅龟肉汤、玉须金龟汤、乌龟茯苓汤、首乌天麻龟肉汤、百合红枣龟肉汤、药制龟羊汤、水龟羊肉火锅、龟肉炖猪肝和三七炖金钱龟等。这些菜肴以汤为主，主要功效为滋阴补血，强身健体和延年益寿，这也是人们对龟崇拜的又一表现。在伴随人类漫长的进化过程中，人们食龟已演化成一大盛事，给人类生活带来不少的福音。现在有不少中国内地（大陆）人民和港澳台同胞，以及东南亚、欧美等地居民，将龟作为健康食品。可见，龟的食用和药用历史悠久，龟的食用与药用文化广为流传。

5.6.8　不断发展的龟休闲文化

休闲文化（Leisure Culture）是人类生活水平的一个重要特征。它不仅是一个国家生产力水平高低的标志，更是衡量社会文明的尺度；是人的一种崭新生活方式、生活态度，它已

---

① 周蒙. 从灵龟崇拜说到龟卜文化——诗经. 民俗文化论之七[J]. 求是学刊，1994：8-82.

成为全社会关注的领域。人们在飞速发展的时代面前，价值观发生了新的调整或变化①。

就龟而言，在中国及很多西方国家，将其作为宠物饲养的历史悠久。龟具有很高的观赏和文化传承等方面价值，养龟成为一种休闲职业。而龟的"静、灵、寿、节、情、舍"六大特性，更使它成为现代人修身养性和休闲娱乐的新宠。如龟喜静的性格，可使养龟者在与其相处过程中陶冶性情，放松心境，净化心灵；龟的灵性，不但可以与人在长期相处后可交流取乐，而且它对地震、洪水等自然灾害有敏感的预知能力和反应能力，由此可消灾避祸；龟的寿命很长，不但可终生饲养，还可使龟成为美德家风的传世载体；龟的欲望低，能安于简陋的环境，可教人节欲，避免因欲望膨胀引发祸端；龟乃性情之物，许多老龟离家几百里②或时隔多年，仍可回归故里，由此可教人重视亲情、友情、爱情，促进社会和谐；龟全身都是宝，可奉献给人类来强身健体，延年益寿。养龟可进一步丰富休闲文化的内涵。

综上所述，龟具有药用、食用、观赏、科研、生态及文化等多方面重要价值，是中国养龟产业发展的基础和原动力。尤其是龟的药用保健价值和食用营养价值，将对人类健康和长寿有着不可替代的作用。随着社会经济的发展和人民生活水平的不断提高，人们更加注重健康、长寿和高质量的生活；加上人类疾病谱的改变，使国内外医疗模式也随之由预防、治疗为主，向预防、保健为主转变，因而加大科技投入，想方设法攻克龟的防病抗癌和美容抗衰老等药用成分的萃取与综合利用技术，研制出科技含量高和附加值大的龟类药用和保健产品，使龟的最大效能得到释放，这是解决中国养龟产业发展的瓶颈问题的关键，是壮大中国最具活力的生物利用产业的推动力和保障力。

---

①章海荣、方起. 休闲学概论[M]. 云南：云南大学出版社，2005.
②里为非法定计量单位，1里=500米。——编著注

第六章　中国养龟产业竞争环境与SWOT分析

6.1　中国养龟产业竞争环境分析

中国养龟产业同其他产业一样，也存在着激烈的市场竞争，同时也面临着潜在进入者、供应者、消费者、替代品生产者及现有生产经营者五大竞争的威胁。下面应用迈克尔·波特的五力模型结构，对中国养龟产业的竞争环境进行分析。

6.1.1　潜在进入者的竞争

中国养龟产业经过多年的发展，目前已形成一个养殖者饲养多个品种的龟，并且养殖人员从早期的以农民为主转变为下岗工人、商人、退休干部和工厂业主等构成的多层次结构的产业格局。

由于养龟要求的条件不高，所以养殖者进出养龟产业的壁垒低。养殖者既可利用房前屋后的空地、闲置的房间或屋顶天台等处进行小规模养殖，也可租下整栋厂房进行工厂规模化养殖，或利用现有的鱼虾塘改建成龟池进行大规模养殖，养殖者可根据自身条件决定养殖数量及规模。从而养龟产业随时都会有新的养殖者进入和现有的养殖者退出的情况。当养龟有利可图时，便会有大量的新养殖者和经营者涌入，给养龟产业带来新生力量的同时，也瓜分市场份额，进而对产业现有的养殖者和经营者产生巨大的冲击；当养龟市场萧条时，他们便会很快将龟甩卖退出养龟产业，从而引起养龟产业市场动荡，故潜在进入者对中国养龟产业构成比较大的威胁，尤其在产业还处于个体、小型规模的无序竞争状态下。

6.1.2　供应者的竞争

发展养龟产业的物质基础是种苗、饲料和药物，这些物品的质量决定着今后养殖龟类的产量及质量，故种苗供应者与养龟产业的发展息息相关。尤其在产业发展初期种苗供应较为紧张的情况下，由供应者（主要为种苗商人，也有部分自产直销的养殖户）提供种苗，而种苗的价格和质量无法选择。

龟饲料和龟药物不是龟类生存的必需品，其可被市场上鱼虾用的饲料和药物所代替，而且这些鱼虾饲料和药物品种众多，可供养龟者任意选择，故龟饲料和龟药物供应商不仅对养龟产业形成不了垄断，反而要依赖养龟产业。

6.1.3　消费者的竞争

目前市场上现有的龟类消费者主要包括加工工业原料消费者（即制药企业和保健品生产企业）、城乡居民鲜食消费者、居民养殖观赏及留种繁殖消费者三类，但鲜食、养殖观赏及留种繁殖的消费数量不大，大量消费还是靠加工工业原料消费者。而加工工业，又分粗浅加工和精深加工两种，其中龟作为粗浅加工工业原料的消费也有限，所以只能依靠精深加工工业原料的消费，因此，想方设法突破龟的精深加工工艺技术，研制出科技含量高、附加值大和效果好的龟类药用产品，是提高龟类消费量的重要途径。现将龟的三类消费者的消费情况介绍如下。

（1）龟类加工工业原料消费者

主要为采购龟作加工工业原料，用于制造药品和保健品的生产企业。

①制药企业：这是龟类消费的主力军。据作者调查，现国内消费龟的制药企业有湖北老中医制药发展有限公司、河南龟鹿药业集团、山东东阿阿胶股份有限公司、河南辅仁堂制药有限公司、湖北康源药业有限公司、湖南省永佳阿胶制药公司、山西天生制药有限公司等30多家，他们将购进的龟宰杀后取壳提炼龟胶，用于生产龟甲胶、龟鹿二仙膏、龟鹿补肾丸、龟苓膏和药用空胶囊等产品。其中湖北老中医制药有限公司消费龟的量较大，年消费商品龟2 000～2 400吨，年产龟胶80～120吨。

由于目前广大养殖户所养的名龟大都为国家二级或二级以上保护动物，受国家法律保护，所以这类名龟的消费受到了限制。制药企业主要采购中华草龟、中华花龟和巴西龟等低端品种进行加工利用。由于消费龟的制药企业不多，且其含有龟成分的产品又不十分畅销，再加上消费的龟又局限于低端的品种，所以对龟的消费量不是很大，以致市场上的商品龟还是供大于求，广大养殖者没有还价能力，这种情况给养殖者带来了很大的竞争压力。此外，在养龟产业，最大的消费者就是这几十家制药企业，消费者过分集中，所以对养龟产业具有一定的控制力，使养龟产业的发展受到较大限制。

②保健品生产企业：此类企业数量比制药企业多，据作者了解，单广东省就有惠州海天堂保健品有限公司、惠州缔康生物科技有限公司、深圳凯联龟业有限公司、珠海众健生物科技有限公司、茂名市电白区星火水产养殖有限公司、广东酿吉酒业有限公司等近30家。这些保健品厂以生产龟苓膏为主，也生产像龟鳖丸、龟含片、龟胶囊、龟口服液、龟酒、龟仙茶和龟面膜等其他产品，其中惠州海天堂保健品有限公司规模较大，生产的"海天堂"牌龟苓膏比较出名。但从全国来说，当属广西梧州双钱实业有限公司生产规模最大，生产的

"双钱牌"龟苓膏最著名。①

　　在众多的保健食品生产企业中，除广西梧州双钱实业有限公司和广东惠州海天堂保健品有限公司规模较大外，其他绝大多数企业相对规模小、产量低和产品同质化严重，故同行业之间市场竞争激烈。此外，除前述两家比较大的保健品生产企业以消费低端的商品龟为主外，其他大多数以消费石金钱龟为主，但总体对龟的消费量不大，故这类保健食品生产企业对养龟产业的发展影响不大。

（2）城乡居民鲜食消费者

　　近年来随着养龟业的快速发展，原来虚高的龟价已理性回落至基本正常状态，如5~6年的石金钱龟，2014年价格达1 800~2 000元/斤，现回落为80~100元/斤，这个价格已让人们消费得起龟了。同时城乡居民生活水平的不断提高和对龟具有抗衰老、防病与抗癌作用认识的不断加深，购买活龟食用的人越来越多，特别是久病体弱和癌症患者更是把龟当做"救命稻草"食用，因而龟类鲜食者越来越多。但由于龟的宰杀麻烦，且熬汤一般要6~8个小时以上才能饮用，饮完第一次煮的汤后还要重新加水熬煮2~3次，才能使龟板和龟壳中的成分全部释放出来，很费工费时，因此限制了龟的消费量。从而这类消费者目前对养龟产业的影响很小。

（3）养殖观赏及留种繁殖消费者

　　①养殖观赏消费者：近年来，中国及很多西方国家越来越多的家庭把龟作为宠物饲养，而且随着休闲文化的发展，龟更是成为人们陶冶性情、放松心境和投资收藏的新宠。由此可见，观赏龟的发展前景广阔。但由于缺少宣传，加上养殖技术有待提高，所以观赏龟市场还不成熟，与猫、狗、鸟和观赏鱼等传统宠物相比，市场容量还很小。目前中国各地虽然都有人养殖观赏龟，但人数不多，唯有上海的观赏龟市场发展得比较快，养殖人数较多。而国际观赏龟的市场主要集中在德国、意大利、捷克、美国以及日本、新加坡、马来西亚、韩国等国家，中国港澳台等地区也有较多的养殖者。这些国家和地区的观赏龟市场已经比较成熟，这对中国养龟产业来说是一个很好的发展机会。就目前的中国养龟产业来看，观赏龟养殖者对龟的消费量有限，观赏龟市场还有待大力开发，故这类观赏龟养殖者目前对养龟产业发展的影响不大。但努力开拓和培育观赏龟市场，可为养龟产业开辟出多一条出路。

　　②留种繁殖消费者：在产业稳步发展过程中，生产出来的龟苗和商品龟，必需从中选择一小部分留种繁殖，扩大种群数量，这也是产业良性发展的表现。而目前由于龟市场低迷，龟价

①董燕声、高拥军. 龟舟博辑[M]. 吉林：吉林文史出版社，2018.

偏低，出售龟苗和中年龟利润很薄，所以在这种情况下，如有场地可以扩群或还有经济能力支撑的养殖户，一般都不将其出售，而作种龟繁养，这对暂时稳定龟市有一定作用，但这种情况不能长时间运行，产业只有消费才能发展。故留种繁殖消费有限，对产业发展影响不大。

6.1.4　替代品的竞争

龟具有多方面的价值，尤其在抗衰老、防病和抗癌等方面有着其他产品不可替代的作用，这对发展养龟业是一个很好的优势，同时对经济条件好、平时注重养生的家庭，以及对有经济条件的病人和癌症患者来说，是首选的食疗佳品，一般不易被其他食品所替代。龟虽然有独特的功效，但却不是人们日常生活的必需食品，也属农产品范畴，而且价相对其他肉、蛋、鱼等农产品贵，所以不是普通平民百姓能长期消费得起的，加上鲜食不便，所以人们寻找其他肉、蛋、鱼等食品替代龟是很正常的。优质的肉、蛋、鱼等食品是龟的替代品，它们构成了对养龟产业的影响。

6.1.5　现有竞争对手的竞争

中国养龟产业内的竞争是指养殖者之间、经销者之间及养殖者与经销者之间的竞争。在养龟产业这个市场中，由于利益的驱使，产业内现有的竞争者之间发生竞争是不可避免的。

边克尔·波特在其《竞争战略》中指出："现有竞争对手以人们熟识的方式争夺地位，战术应用通常是价格竞争、广告战、产品引进、增加顾客服务。"[1]中国养龟产业现有竞争对手正是这样展开竞争的。如产业在进入快速发展期的2012—2013年，产业内的各个竞争对手，特别是龟类经销商，他们为了获得更大利益，共同对产业进行过度宣传甚至炒作，以至中国的养龟热于2014年一下子窜到顶点，龟的价格也达到了最高峰，此时所有养龟及养龟从业人员（养殖者、经销者、生产资料供应者和业内广告商等）都获得了丰厚的利润。甚至一些龟类经销商为了获取高额利润和迎合消费者"新、奇、特、稀"的心理追求，铤而走险将《濒危野生动植物种国际贸易公约》（CITES）附录Ⅰ和附录Ⅱ中受贸易管制的龟种，千方百计地通过各种渠道从国外弄到市场销售，从而对产业造成了冲击。

上述的好景不长，龟市场的"泡沫"在2015年以后逐渐破裂，养殖者开始大量卖龟；龟类经销者则压价收龟，然后倒卖，甚至在交易过程中进行价格欺诈和以劣充好，从而扰乱市场秩序；伪劣龟药和饲料添加剂等也充斥市场，整个龟市乱象丛生。2016—2017年，养

---

[1]边克尔·波特. 竞争战略[M]. 北京：华夏出版社，1997.

龟热度更是锐减，龟价跌破了人们的预期，大量的养殖者低价抛售手中的龟。2018年后，龟价仍继续走低，龟市出现了前所未有的低迷，有相当一部分养殖者因经济撑不住，不得不低价抛售手中的龟而退出市场。这种情况给2013—2014年高价位入市的养殖者造成巨大损失，也使产业过早地进入了微利时代，严重影响了产业的健康和可持续发展。由此可见，产业的现有竞争对手的不良竞争，对产业发展影响很大。

在养龟产业中，石金钱龟作为养龟产业养殖数量最多的品种，最具代表性，其价格变动往往是产业市场价格变化的风向标，即石金钱龟价格发生波动，其他品种龟的价格一般也随之波动。作者现将从全国各地有代表性的养龟场和龟类交易市场调查到的2012-2018年石金钱龟价格，以及作者企业龟场石金钱龟的实际销售记录，整理成表6-1和表6-2。

表6-1　2012—2018年石金钱龟苗价格环比变化表

年份	2012	2013	2014	2015	2016	2017	2018
价格（元/只）	200～250	350～500	700～780	450～550	160～220	30～80	15～30
价格涨幅（%）	—	75～100	100～56	-35.7～-29.5	-64.4～-60	-81.3～-63.6	-62.5～-50

表6-2　2012—2018年石金钱龟成年龟价格变化表

年份	2012	2013	2014	2015	2016	2017	2018
价格（元/斤）	1 000～1 200	1 300～1 600	2 200～3 200	1 800～2 000	1 000～1 600	350～600	80-150
价格升降幅（%）	—	33.3～33.3	69.2～100	-37.5～-18.2	-44.4～-20	-65～-60	-77.1～-75

从上述两表可以看出，2012—2018年，我国石金钱龟的价格波动很大，这表明中国养龟产业的发展遇到了瓶颈，整个产业进入了大调整期，这与产业内现有的不良竞争有关。

6.2　中国养龟产业的SWOT分析

制定产业发展战略，必须对产业的内部环境和外部环境进行系统和综合分析，采用的方法一般是SWOT分析法。SWOT分析法又称态势分析法，即是通过对产业（企业）进行系统和全面的分析后，明晰产业内部所具有的优势（strength）与劣势（weakness），以及外部所具有的竞争机会（opportunity）与威胁（threat），从而为制定产业发展战略提供可靠的信息。

　　本文在上述对中国养龟产业竞争环境分析的基础上，下面再对中国养龟产业的发展作 SWOT 分析。

6.2.1　优势（Strengths）分析

（1）中国养龟及利用龟的历史悠久

　　经考证，中国养龟和利用龟的历史悠久，尤其是最近的 10 年发展迅猛，养龟业已成为中国广东、广西、海南等主养区经济发展和人民致富的一项重要产业。在这个过程中，中国人民积累了丰富的养殖和加工利用经验，养殖水平得到不断提高，龟的深加工企业也越来越多，且不断开发出一系列以龟为主要成分的保健品，从而扩大了龟的利用范围，延长了养龟产业链。

（2）养龟产业具有一批优秀人才

　　中国养龟产业在漫长的发展过程中，不仅造就了一大批乡土人才，而且随着产业的迅速壮大及成为中国主养区经济发展的支柱产业，因而也引起了各级政府的重视并加大了扶持力度，由此吸引了一大批科技工作者投身到这个产业之中。此外，很多企业加大了科技投入，也培养了一大批懂技术、会管理、善营销的人员，进而带动了养龟产业科技队伍的发展，也为养龟产业的做大做强打下了良好基础。

（3）养龟产业具有庞大的市场空间

　　事实证明，龟具有药用、食用、观赏、文化传承和科学研究等价值，特别在药用和食用方面更是受到人们关注，自古以来就将龟作为食疗和长寿佳品。现代科学研究也表明，龟含有多种免疫活性物质及人体所需的各种营养成分，常食能强身健体。龟具有的多方面价值，尤其对人类健康长寿有着不可替代的作用，有力地促进了中国养龟产业的迅速发展。此外，"名龟产业对发展壮大我国的生物利用产业将会起到很大的推动作用和保障作用，这也是我国在经济领域最具优势和最具活力的战略产业。"①可见，中国养龟产业具有广阔的市场空间。

---

①中国渔协龟鳖产业分会. 中国龟鳖[J]. 2016（6）：10.

（4）养龟产业得到政府的重视

养龟业属于特色高效农业，具有劳动强度小、节水、节能、节地等特点，是城市郊区农村失地农民转产转业、城市失业居民就业创业，以及企业转型升级的优选项目。发展养龟业不但可以解决一些人的就业问题，而且还通过协作劳动促进了家庭的和谐和社会的稳定，有良好的经济效益和社会效益，故符合国家农业经济发展的政策导向，是国家鼓励发展的产业。

特别是近年来，养龟业的迅速发展，规模不断扩大，从业员越来越多，甚至在有些地方养龟业已成了当地经济发展和人民致富的支柱产业，因此引起了各级政府的高度重视，很多地方政府已将养龟业作为"生物资源产业"和"特色农业"进行扶持，促其发展。如主养区之一的茂名市电白区沙琅镇，就以全民养龟的"特色"成为广东省特色小镇，并规划土地2 500多亩，总投资60多亿元，建设"金龟小镇项目——茂名金龟产业园"。又如养龟业作为特色农业产业，已列入广西壮族自治区"十二五"渔业发展规划，拟在钦州、贵港、玉林和崇左等重点地区建设龟鳖科技博览区，打造广西"龟谷"；广西南宁市近几年也陆续投入资金共715万元用于支持当地特色经济发展，其中龟鳖业是投资大头。由此可见，有了政府的重视和扶持，养龟产业的发展将会更快、更顺。[①]

（5）养龟产业具有良好的发展前景

中国养龟产业是近年发展起来的一项新兴产业，目前尚属发展的初级阶段，此前和现在繁殖出来的龟苗再养几年变成成年龟后，仍以留种为主，用于大量食用和进行大规模深加工利用，估计还需要较长时间。与此同时，随着人民生活水平的不断提高，人们更注重健康、长寿和高质量的生活，因而对医疗、保健、美食美容、观赏和文化传承等功能集于一体的龟的需求量将会越来越大。再加上养龟业还具有如下特点。

①养殖名贵龟类不易供过于求，因为像金钱龟和黄缘闭壳龟等名贵品种，相对生长较慢，繁殖力较低。

②龟相对于家畜家禽更容易养殖，且对环境污染小。因为龟在中国约有半年时间冬眠而不用喂食，即使正常喂食，也食量少且排粪不多；同时龟具有很强的耐饥忍渴能力，在养殖过程中即使十天半个月不喂，也不会像家畜家禽那样"呱呱叫"，且不容易出问题，故龟相对于家畜家禽容易养殖。

③养龟可充分利用各种资源，因为养龟对环境条件要求不高，家庭庭院、阳台、楼顶

---

①中国渔协龟鳖产业分会. 中国龟鳖[J]. 2016（8）：27.

天台、室内空间、室外鱼塘和闲置的畜禽舍等都能进行养殖，而且养殖全过程都是轻工闲活，同时养殖数量还可根据自己的实际情况而定，本钱多和有养殖地方可多养，本钱少和养殖地方少的可少养，灵活性较大。

④龟的寿命很长，不会像家畜家禽那样有生长期限制，所以即使较长时间卖不出去，也不会像家畜家禽那样减重、掉价和容易死亡，相反，龟越老经济价值越高。

⑤龟具有药用、食用、观赏、文化传承和科学研究等多方面价值。它不仅可作名贵药材大量用于医疗保健，也可作美食享受，还可作宠物饲养，而且我国的龟文化源远流长。故龟的经济价值较高。

⑥养龟属一种休闲职业，随着人们生活素质的不断提高，人们更重视娱乐、医疗保健和长寿。而全面小康社会则包含所有人能够享受到丰富多彩的生活、高素质的饮食和健康长寿，对此人们可通过养殖名龟观赏怡情和修身养性。

⑦养龟更有利于龟类资源保护。虽然目前人们养殖的大部分名龟都是国家二级保护动物，但它们经过人们的积极驯养和繁育后，不但不会破坏龟类资源，反而可较快地扩大种群数量，达到更好保护的目的。因此，龟类人工养殖可体现中国《野生动物保护法》规定的"加强资源保护，积极驯养繁育，合理开发利用"的方针，更有利于龟类资源保护，也对保护这些濒危动物资源提供了丰富经验及种源基础，因而得到各级政府的支持。实践也证明，通过近几年的人工驯养，我国原有名龟物种种群呈现出了大幅度的恢复性增长，如20世纪50年代，我国三线闭壳龟的种群数量不过3万～4万只，而到2010年前后已扩大到25万多只；广西拟水龟也从30万只增加到400万只左右；黄喉拟水龟从50万只左右增加到200多万；黄缘闭壳龟也由20万只左右增加到80万只以上。就连从国外引进的蛇颈龟、星龟、亚洲巨龟等品种，也形成了群体规模；在美国，小鳄龟的种群不过几万只，而引进我国后，目前已达到200多万只。[①]

由上可见，养龟产业是一个朝阳产业，具有良好的发展前景。

6.2.2　劣势（Weaknesses）分析

（1）产业养殖水平和产品科技含量不高

中国养龟的历史虽然悠久，而且近年来发展也很快，但广大养殖户的养殖水平不高，他们仍采用传统的方法养殖，不仅单位面积养殖密度低且产量不高，而且由于养殖过程中要经

---

①王玉堂. 我国的龟鳖资源及其产业[R]. 2016.

常换水而工作量大，消耗水资源多，还易污染环境，另外，频繁换水也易造成龟发生应激，从而造成成活率低和生长缓慢，故整个产业经济效益和社会效益不够理想。目前，整个产业不论是龟类种苗还是龟的加工产品，科技含量都不高，以致同质化严重，既没有品牌效应也缺乏核心竞争力，这样对产业发展很不利。

（2）专业人才缺乏，产业运行层次低

由于养龟产业是最近几年才发展起来的新兴产业，所以进入该行业从事技术研究和推广的高端专业人才少，以致目前不论是养殖还是加工利用等，都处于粗放和低层次水平上。另据调查，现从事龟类养殖和病害防治等技术研究的科研院所及企业并不多，迄今除作者研究发明的且被业界普遍认同而推广的"应用生物技术——可少换水能把龟养得更好"①和"龟生态健康养殖及龟病诊治新技术"外，还没有其他一套更完整、科学的养殖技术和模式。

这套技术从2016年起，用作康益达商学院的国家水生生物病害防治员职业技能鉴定培训班"（即龟生态健康养殖及龟病诊治新技术培训班）教材，并且很受学员欢迎，在业界反映良好。在龟的养殖和疾病防治方面的发明专利，除作者企业申请的"一种养殖龟苗的新方法""一种利用龟池养殖龟类的新方法""一种养龟饲料添加剂"和"全数字B型超声诊断仪用于诊断龟病的方法"4个之外，其他专利也较少。故纵观整个产业的运行，层次还是比较低，这对产业的快速发展和经济效益的提高不利。

（3）养殖未办理相关证件，存在法律风险

由于新兴的养龟产业是经过民间长期小规模养殖逐步形成的，所以许多养殖户、龟类营销人员及深加工企业，对自己养殖、购销和加工利用的龟，是否为国家保护动物，是否需要办理证件都不清楚，以致目前绝大部分未办理水生野生动物驯养繁殖证和水生野生动物经营许可证等证件，这样就给养殖、销售和加工利用带来了风险，也不利养龟产业的可持续发展。

（4）产业深加工滞后，致产业发展出现瓶颈

毫无疑问，养龟产业的主要出路在于精深加工综合利用。但中国目前对龟类的加工利用仍处于初级阶段，即加工生产的龟鳖养生丸、金龟露（口服液）、龟胶囊、龟苓膏等产品，都属于粗浅加工范畴，产品附加值不高。而真正意义上的深加工是对龟体中有效成分的提炼，并进行精细的加工利用。虽然有研究表明，龟含有延年益寿和增强人体免疫力的生物活

---

① 中国渔协龟鳖产业分会. 中国龟鳖信息[J]. 2016（1）：40-43.

性物质，以及含有抗癌和壮阳成分，但要提取这些活性物质和成分并加予利用，就需要进行精细的深加工，可目前真正开展这项工作的单位很少。据《中国龟鳖》杂志介绍，2016年"我国石金钱龟驯养总量已达到4 000万只，2017年还有1300万苗种繁育出来，解决好终端出路已经成为石金钱龟迫在眉睫的问题。"[①]

（5）专业市场建设和政府监管滞后，影响产业快速发展

近年来，中国养龟产业发展很快，但龟类专业市场的建设及政府监管却滞后，因而导致龟种苗及龟类产品的销售只能零散地进行，市场无序竞争现象比较严重。

另外，龟类主养区虽然先后成立了养殖协会或专业合作社等组织，但由于缺乏政府主导，这些组织对行业也很难发挥约束作用，再加上政府监管不到位，导致龟市价格欺诈和龟种苗以劣充好等现象时有发生；而龟市的无序竞争和恶意炒作，更是造成龟价大起大落和龟市动荡的一个原因，这使产业过早地进入了微利时代，并使产业发展速度放慢。

6.2.3　机遇（Opportunities）分析

（1）政府重视及有利法律法规带来的机遇

近年来，养龟产业的快速发展引起了政府的高度重视，很多地方政府已将养龟业作为"生物资源产业"和"特色农业"进行扶持，这是很好的发展机遇。其次，根据《中华人民共和国野生动物保护法》第二十七条、《中华人民共和国水生野生动物保护实施条例》第十八条、《中华人民共和国水生野生动物利用特许办法》第二十三条和《广东省野生动物保护管理条例》第十七条的规定，人工养殖和利用国家二级以上及省重点保护的水生野生动物，需申办国家"水生野生动物驯养繁殖许可证"和"水生野生动物经营利用许可证"。因此，只要依法持证养殖及持证经营这些名贵龟类，就可规避法律风险，也为龟的大规模养殖及经营利用提供了法律保障。

再有，2014年全国人民代表大会的《2014年国务院政府工作报告》中指出："今后要坚持家庭经营基础性地位，培育专业大户、家庭农场、农民合作社、农业企业等新型农业经营主体，发展多种形式适度规模经营，重点支持规模性农业和新型创新农业。"这些政策对养龟业都很有利。

2013年3月3日，《濒危动植物种国际贸易公约》（CITES）第16届缔约国大会在泰国召开后，中国的主要名龟品种如金钱龟、黄缘闭壳龟等都在此公约附Ⅱ范围内，这无疑给我国

---

①中国渔协龟鳖产业分会. 中国龟鳖[J]. 2017（2）：1.

发展养龟产业打了一剂强心针，给众多名龟养殖者吃了一颗定心丸。

此外，中共第十八届三中全会通过的《中共中央关于全面深化改革若干重大问题的决定》和2014年全国人大会议的《2014年国务院政府工作报告》中均指出："要改革生态环境保护管理体制，建立和完善严格监管所有污染物排放的环境保护管理制度，独立进行环境监管和行政执法。对造成生态环境损害的责任者严格实行赔偿制度，依法追究刑事责任。"由此可见，今后国家对环境保护越来越重视，因此水产养殖实施水资源循环利用和零排放势在必行，这对养龟产业又是一个政策性机遇。因为龟类食量小，排粪少，养殖用水少，且很易实现养殖水体循环利用和零排放。如广东、广西等省份的农户改用畜禽栏舍养龟，就是因为养殖猪、鸡等畜禽对环境污染严重（采食量大、排粪多及洗涤污水多）而被政府限养，所以改为养龟。

（2）产业大转折带来的机遇

2014年，中国的养龟产业热潮达到顶点，龟的价格也达到了顶点，几乎所有养龟及龟的从业者都获得了丰厚的利润；但到了2018年年底，龟价却跌破了人们的预期，达到了近年来的最低点，养龟产业受到了前所未有的打击，一大批养殖名贵龟种的新人损失惨重。但作者坚信此次龟价下跌是一次风险大释放，此时，正是产业发展的良好机遇。因为龟市的理性回归，是市场自行调节的必然结果，市场调节使严重偏离价值的龟价恢复正常，更有利于开展龟的深加工研究和深加工利用，这是保障养龟业稳步和可持续发展的前提。

（3）产业巨大的发展潜力带来的机遇

首先，新兴的养龟产业处在发展初级阶段，各品种龟现存数量有限，尤其是名贵龟类，苗种还供不应求，故养龟业的市场发展空间还很大。

其次，上面已论证龟具有药用、食用、观赏、文化传承和科学研究等多方面价值，特别是在药用和食用方面的价值。而现代科学研究表明，龟对人类健康和长寿有着不可替代的作用，所以随着人们对龟认识的加深，国内外食用龟的人会越来越多。另外，随着人民生活水平的不断提高，人们更注重健康、长寿和高质量的生活，对龟的需求量也会增加；而且发展养龟业能促进"生物利用产业"的发展，这也预示着龟的市场容量会越来越大。

最后，有越来越多的制药企业使用"龟甲空胶囊"生产胶囊药品。因为2012年4月报道了有部分厂商利用皮革下脚料进行脱色漂白后，熬制工业明胶制造"药用空胶囊"卖给药厂生产药品，并经调查有9个药厂的13批次药品所用胶囊重金属铬含量超标，有的超标达90多倍。随后国家食品药品监督管理局对药用胶囊材料采取强制性调整，其中龟板胶就成为合法原料之一。而龟甲胶除用于生产"药用空胶囊"外，还可用于治疗各种病症。据调查，目前全国有30多家龟胶生产厂，以中华草龟为例，预计年需取壳剖杀4 000万千克左右的中华草龟，按每只体重0.7千克计算，年需商品中华草龟就近6 000万只，可见产业具有巨大的市场发展空间和潜力。

（4）人类渴望健康长寿及龟具有相应作用带来的机遇

上面已述，随着人民生活水平的不断提高，人们更注重健康、长寿和高品质的生活，因而对医疗保健、美食、观赏和文化传承等功能集于一体的龟的需求量将会增加。再加上龟比传统的家畜、家禽容易养殖，对环境污染小，所以发展养龟业有利于龟类资源保护和环境保护。随着民众生活水平、消费水平的逐步提高，导致人类疾病谱改变，国内外医疗模式也正在由预防、治疗为主，转向保健为主，从而龟板、龟胶等中医药市场将会释放更大的消费潜力。

由此可见，养龟业是一个促进人类健康、长寿和提升人们生活质量的朝阳产业，与人类对美好生活的追求相适应。

6.2.4　挑战（Threats）分析

中国养龟产业虽然具有很大发展优势，但产业的发展、壮大还存在着很多困难，也面临着很多挑战。

（1）国外龟种大量涌入国内带来的挑战

目前，国外龟种通过正常和非正常两条渠道大量涌进国内，给中国养龟业带来很大挑战。事实证明，在目前人们养殖的几十个龟品种中，大部分为进口品种，尤其是中国花鸟市场购销的宠物观赏龟，绝大部分是进口龟种，如巴西龟、火焰龟、苏卡达龟等。境外龟种的大量涌入，不仅冲击国内龟类市场，而且还会扰乱国产龟种的种质，破坏中国优质龟种群的基因多样性，同时也存在输入病害和外来生物入侵的风险或隐患。鉴于这种情况，就要求中国龟类养殖者必须转变养殖和经营机制，做到与国际市场接轨，重视选育和优化国产龟品种，着力开发能与世界龟类抗衡的特色珍贵龟种。

（2）龟深加工滞后和有关法律限制带来的挑战

养龟产业只有将养殖的龟进行深加工利用，才能保证产业的持续发展。但是目前市面上含有龟成分的龟苓膏、龟鳖养生丸、金龟露口服液、龟胶囊及龟板胶等，都属于粗、浅加工产品。而利用高科技提取龟机体中的抗衰老、抗癌等生物活性成分，并生产成高端商品销售，才是真正意义上的深加工，可惜这项工作还处在研究阶段，目前还没有一个单位大力开展这项工作。

此外，中国养龟产业的快速发展，使龟的存养量越来越多，特别是石金钱龟，据统计，2016年存养总量已达到4 000万只，2017年产苗量1 300万只左右，而2018年产苗量已达到2 000万只，数量增速快，解决好终端消费是当务之急。中国渔协龟鳖产业分会通过多种渠道向国内几个大型制药行业推介并研究合作时，各企业都表现出对产品浓厚兴趣，但也普遍表现出对石金钱龟列入《国家重点保护水生野生动物名录》Ⅱ级的忧虑。[①]因此，就现在产业发展的情况来看，龟类深加工环节的严重滞后，已影响到产业的可持续发展。与此同时，国家有关法律法规的限制，也影响到龟的深加工利用，这些都对产业的发展带来了挑战。

（3）养殖技术和疾病防治方法缺乏带来的挑战

目前，养龟产业的利润空间与两三年前相比，已大为缩减，在这种情况下，只有应用先进技术养好龟和降低养殖成本才是硬道理。可是中国绝大多数养殖户至今还是传统的养殖模式，虽然有先进的网络模式销售，但在产业集市还未形成的情况下，大多数养殖户也只好采取等客上门和在池边交易的原始模式销售。另外，由于养殖人员普遍缺乏先进的养殖技术及科学的疾病防治方法，特别是广大养殖户不懂龟病、龟药，再加上产业内执业兽医师缺乏，一旦龟发病只能"乱投医、乱用药"，或采用传统的土方土法治疗；甚至有些养殖户面对发病的龟群，束手无策，或被江湖游医糊弄一通。可见养殖技术疾病防治方法的缺乏，是个严重的挑战。

（4）养殖资金周转慢带来的挑战

龟类一般生长缓慢，性成熟比较迟，因而养殖周期较长，养殖资金周转较慢。而且养殖龟不仅一次性投入较大，后期还要继续投入，所以如果没有充足的养殖资金和足够的耐心，是不适宜养龟的。如养殖中华草龟、中华花龟及石金钱龟等最普通的商品龟种，最短时间也要2～3年；养殖石金钱龟、黑颈乌龟、安南龟及黄缘闭盒龟等种用龟，一般也要4～5年，待其产蛋孵苗后才有回报；而养殖金钱龟则需更长时间，如从龟苗养至性成熟（产蛋），一般需要6～8年。而产业人员平时的买龟、暂养和卖龟等，回报比较快，但这种情况不是养龟，是"炒龟"。养龟是一个长远的投资项目，对养殖周转资金、场地及养殖者的耐心等，都是一个比较大的挑战！

---

① 中国渔协龟鳖产业分会. 中国龟鳖[J]. 2017（2）：1.

　　综上所述，中国养龟产业发展的优势、劣势、机遇和挑战可归纳成表6-3。本文通过对中国养龟产业的SWOT分析，明晰了产业发展的优势和劣势、机遇和挑战的具体情况；了解了产业发展的优势明显大于劣势，而且产业具有很好的发展机遇，但同时又存在很大的挑战。SWOT分析为制定中国养龟产业发展战略提供了重要依据。

表6-3　中国养龟产业发展的SWOT分析表

Strengths（优势）	Weaknesses（劣势）
1. 我国养龟及利用龟的历史悠久 2. 养龟产业具有一批优秀的人才 3. 养龟产业具有庞大的市场空间 4. 养龟产业得到政府的重视 5. 养龟产业具有良好的发展前景	1. 产业养殖水平和产品科技含量不高 2. 高专技术人才缺乏，产业运行层次低 3. 养殖未办理相关证件，存在法律风险 4. 产业深加工滞后，致产业发展出现瓶颈 5. 专业市场建设和政府监管滞后，影响产业发展
Opportunities（机遇）	Threats（挑战）
1. 政府重视及有利法律法规带来的机遇 2. 产业大转折带来的机遇 3. 产业巨大的发展潜力带来的机遇 4. 人类渴求健康长寿及龟具有相应作用带来的机遇	1. 国外龟种大量涌入国内带来的挑战 2. 龟深加工滞后及有关法律限制带来的挑战 3. 养殖技术和疾病防治方法缺乏带来的挑战 4. 养殖资金周转慢带来的挑战

第七章　中国养龟产业发展战略与措施

　　作者根据前面章节研究的结果，结合中国目前养龟产业的实际情况，中国养龟业作为一个新兴产业，其发展战略指导思想应以国家政策为导向，以国内、外市场需求为引领，以科技创新为核心，以延伸产业链、加快龟深加工综合利用为重点，加大科技投入，创新养殖技术和模式，对产业进行转型升级和推动产业融合发展，提升产业发展层次，努力提高龟类产品市场竞争力，从而把中国养龟产业做得更大更强。为此，作者对中国养龟产业今后的发展，提出了如下战略和措施，希望对中国养龟产业的健康、稳步和可持续发展起到积极作用。

7.1　制定产业发展规划和优化产业结构

实践证明，任何一个产业的健康、稳步和长远可持续发展，都离不开科学的发展规划；而产业随着市场变化及时进行合理调整和优化，也是产业良性可持续发展的动力。当一个产业发展到一定时期和一定规模后，及时根据这个时期市场的变化和产业发展的特点，对产业生产区域、产业结构和产业发展方式等进行调整与优化，使其更加适应市场变化的需要，这十分重要。也只有从旧的传统观念和思路上解放出来，及时调整产业发展规划和优化产业结构，使产业真正与市场接轨，加强与市场需求者交流互动，跳出养龟产业只在圈内发展的模式，这样产业才能步入长期、稳定的发展轨道。

7.1.1　制定产业发展规划

根据中国养龟产业发展战略指导思想，作者认为现在无论从国家层面还是省市县层面，都要对产业链中的科研、生产、加工、贸易等各个环节做好发展规划，并根据不同地区的个性特点，结合全国总体情况进行产业布局，从而使不同地区和产业链中各个环节起到优势互补、功能协调、共同发展的作用。

针对上述情况，作者建议国家有关职能部门联合各地养龟行业组织，尽快对全国各地的龟类养殖情况进行一次大普查，摸清产业现有资源情况，然后根据国家相关政策和国家经济发展规划，以及全国各地的具体情况，因地制宜地制定出中国养龟产业近期（5年）、中期（10年）和远期（15年以上）发展规划，以指导中国养龟产业的生产和经营活动，从而保证产业能长期健康、稳定和可持续发展，这项工作十分重要，而且迫在眉睫。

7.1.2　调整生产区域

根据目前中国养龟产业的实际情况和今后的发展规划，可考虑把养殖生产区域由现在的华南地区和华东的江苏、浙江、上海地区，转移到中国中部地区的安徽、福建、江西、湖南、湖北等省份。因为这些省份无论从土地资源、人力资源、水资源和生态资源都较经济发达的华南和华东等地区有优势；但种苗生产、龟的深加工利用及产品销售等产业终端，则应在经济富裕地区，利用其发达的交通、通讯、市场和科技等优势深入发展；而对东北、华北和西北等具有市场潜力的地区，可以开发销售和服务市场，以扩大销售区域。

7.1.3 调整产业结构

中国土地资源有限，今后不可能再利用良田挖塘或搭棚建造龟场发展养龟业。因此各地应因地制宜进行产业结构调整，并充分利用现有资源进行养殖。如可利用养殖鱼虾等品种的池塘转为养龟，利用因环保问题被限养的猪鸡栏舍改造成龟池养龟，利用空置的厂房进行工厂化养龟，以及利用允许搭棚建池的荒山坡地等进行养殖。此外，还可实施种养结合，如利用果园、藕塘、稻田等进行养殖。这样既可充分利用现有资源发展养龟业，又不占用新的土地资源，还不污染环境，很有现实意义。

根据报道，浙江省正在推广的"鳖稻共生"养殖模式，即在稻田内放养鳖。由实践证明，这是一种比较成功的节约型高效种养新模式。稻田养鳖能起到松土、灭虫、肥田、捡食落穗及优化生态环境等作用，实现了鳖稻共生和间接增加水稻收成的种养目的。如浙江清溪鳖业股份有限公司的稻田养鳖，就实现了每亩"百斤鳖、千斤粮、万元钱"的养殖效果。[①]对此，很值得广大龟类养殖者借鉴。如进行"龟稻养殖"，即在稻田里放养中华草龟或中华花龟等品种，除起到松土、灭虫、肥田、捡食落穗及优化生态环境等作用外，还能起到除草作用，同样可实现"龟稻共生"和间接增加水稻产量。

其实，在此之前已经有很多人利用低产的鱼虾塘转养火焰龟、中华草龟、中华花龟和鳄龟等品种，而这些龟种特别适合在大面积池塘养殖；近年来也有不少人利用山坡荒地搭建温棚，进行大规模中华草龟和中华花龟育苗及养殖商品龟；而从2016年开始，也陆续有人利用池

图7-1 珠海康益达公司生态健康养殖示范基地

---

① 杭州市龟鳖行协会. 龟鳖动态[J]. 2017（10）：2.

塘养殖石金钱龟。作者的珠海市康益达生物科技有限公司生态健康养殖综合试验示范基地（图7-1），池塘原来就是养殖鱼虾的，从2014年起改造成养龟塘养殖中华花龟、中华草龟和火焰龟等龟类。该基地150多亩。

此外，据作者调查，湖南呈宝龟类繁养有限公司有龟苗工厂化驯养池1.2万平方米，池塘生态养龟面积90亩和稻龟种养面积220亩。而其中的"稻龟综合种养新技术"正在试验研究中，基本实现了"动植物和谐共生与生态互利"的目的，是一种创新养殖方法（图7-2）。

其具体做法为：在稻田内按一定比例（沟占稻田面积约10%）挖掘一条围沟，同时在稻田周边建造防逃、防盗设施，然后播种水稻和放养中华草龟。第一期种养面积为220亩，放养经过培育后的小乌龟（母龟均重150克，公龟均重50克），密度为每亩1000只。小乌龟放养后经过1年的稻田养殖，母龟均重达到500克，公龟均重达到150克。不仅乌龟生长良好，而且水稻长势茂盛。

图7-2 湖南呈宝龟类繁养有限公司稻龟综合种养基地

湖南呈宝龟类繁养有限公司苏建新先生这种"稻龟综合种养技术和模式"的特点：稻田为乌龟提供了绿色生态的生长环境，并给乌龟提供杂草、昆虫和落穗等食物；而乌龟排泄的粪便可满足水稻的生长，同时乌龟的活动起到翻耕土壤作用。另外，通过人工除稗和诱蛾灯杀虫等措施，实现了稻田化肥、农药零施用。这样不仅为乌龟的生长创造了良好环境，而且收获的龟及稻米保证了质量安全，从而实现了"稻龟"双丰收，取得了良好的经济效益与社会效益。因而这项新型的种养技术和模式，荣获全国龟鳖产业发展创新特等奖、全国稻龟生态种养特别贡献奖；而生产的"稻龟米"则获2017年中部农博会产品金奖。目前，这种新型种养模式已在当地得到大力推广；呈宝公司董事长苏建新先生表示，今后将继续做好试验研究与总结工作，使这项新型技术和模式更加完善，从而创造更好的经济效益与社会效益。

7.1.4　调整养殖模式

由于中国人口多，耕地少，经济社会发展又面临着人增地减的基本态势，所以今后不可能再占用大量的土地去养龟，而且随着科学技术的高速发展，国内外养殖业的工业化生产程度越来越高，在这种情况下，养龟产业也应向工业化方向迈进，并以工业化生产的理念和管理方法进行生产。加上龟具有体型小，食量少，排粪量少及对环境污染小等特点，也容易实现工厂化养殖，也可实施人工可控生产，即可做到"生产标准化，设施现代化，质量可控化，操作自动化"。这样就能使产品质量更有保障，更有利于进行规模化生产，进而降低养殖成本，提高养殖经济效益。

如作者的珠海康益达工厂化科学养龟场（图7-3），就有较成功的工厂养殖和管理经验，而这个"工厂化科学养龟场"项目，也是珠海市政府资助的试验研究与示范推广项目。即作者在完成家庭室内、楼顶天台等小规模和室外池塘大规模养殖龟类试验研究后，又进行的一个工厂化大规模培育龟苗和养殖商品龟试验研究。经反复研究、试验而总结出的"工厂化养龟新模式和新技术"，以及率先在行业内提出的"农业工业化"养龟理念，不仅对推动中国养龟产业结构调整和转型升级有帮助，还对引导产业在"节约土地与水资源、提高单位面积效益和生态环保"等框架条件下养殖，走农业工业化和产业规模化发展道路，从而创造更好的经济效益和社会效益具有重要现实意义。而且根据中国的国情和国内外养殖业工业化生产程度越来越高的实际情况，今后养龟产业确实不能再占用大量的土地去挖塘或建造龟池进行养殖，走"农业工业化"和"产业规模化"的发展道路，已是不二的选择。

图7-3　珠海康益达工厂化科学养龟场

康益达这套"工厂化养龟新模式和新技术"养殖，提高了龟池的养殖水位而增大了养殖容积，不仅能增加养龟数量（可比传统养龟法高1倍以上）、节省场地，还提高龟池水位更有利于发挥益生菌的净水除臭作用（生物分解与转化作用），故可减少养殖污水的排放、抑制蚊子及苍蝇的滋生，还可降低冬天养殖水体加温的能耗。既省工省地、节水节能，对环境及周围人居影响小，又由于少换水（传统养龟法几乎要天天换水）、减少龟的应激而使龟健康生长，故该项研究成果很值得推广、应用。

这套"工厂化养龟新模式和新技术"的操作要点为：

①龟池水深：控制在40～60厘米。

②放养密度：龟苗250～300只／平方米，但商品龟因品种不同而放养密度不同，如经过1年培育的龟苗变成小龟，可继续在原池养1年变成商品龟出售。这些小龟开始时密度为石金钱龟和中华花龟等小龟80～100只／平方米；中华草龟为100～120只／平方米。

③分池养殖：在养殖过程中不论龟苗和商品龟，都要2～3个月按体重大小分拣分池一次；至养成商品龟出售时，一般石金钱龟和中华花龟等品种养殖密度为35～50只／平方米，中华草龟养殖密度为50～60只／平方米。

④定期使用益生菌：在养殖过程中，要定期向养殖水体泼洒"益达护龟宝"等益生菌类制剂用来净水除臭和防病促长。益生菌类制剂的用法用量按产品说明。

⑤科学投喂：一般每天投喂2～3餐，每餐喂至八九成饱（投喂后控制在30分钟内吃完为宜），以防剩料破坏水质，而投料不足则影响龟生长或使龟群大小参差不齐。

⑥定期排粪：龟池要建集粪和排粪装置，一般每周排粪一次，每次约排水1厘米深，排后补足水量。

⑦定期增氧：龟场内要有增氧系统，一般每隔2小时增氧0.5～1小时。增氧有利于改善养殖水质、减少龟场臭味和促进龟的健康生长。

⑧龟场内安装太阳灯：龟池最好安装太阳灯，以促进水体益生菌生长及用于观察龟的生长情况。安装太阳灯的瓦数及盏数，要视具体情况而定。太阳灯一般每隔2小时开0.5小时。

⑨龟场内要求恒温：场内温度恒定与否，对龟的生长及疾病的发生影响很大。寒冷季节要做好保温工作，场内水温应控制在28～30℃；炎热季节要做好通风降温工作，场内水温控制在32～33℃。

⑩养殖效果：养殖过程中很少排换水，利用深水和肥水高密度养殖，一般龟苗经过1年左右的培育后，石金钱龟、中华花龟和火焰龟等品种，体重为200～400克／只；中华草龟体重为100～200克／只。而养殖2年后的商品龟，石金钱龟体重为750～1000克／只；中华花龟体重为1000～1500克／只；中华草公龟为150～200克／只；中华草母龟为600～800克／只；

龟苗和商品龟的养殖密度都可比传统养殖法增加1倍左右；龟病少、生长快，成活率可达95%以上；工厂化养殖的经济效益明显比传统养殖法好。

由此可见，康益达公司应用这套"工厂化养龟新模式和新技术"养殖，基本达到了"资源节约、环境友好、操作简便、生产可控、产品安全、效益倍增"等效果，尤其在目前龟价偏低，养龟赚钱难的情况下，能较大幅度节约资源和降低养殖成本，有重要现实意义。中国传统的龟类养殖正面临着一场变革，未来的养殖业应该是"集约化、电脑操控、精准放养、精准收获、省工省时"的新型养殖模式，那种"人放天养"的传统模式将逐渐被淘汰。

此外，目前中国养龟产业的现状，决定了养殖模式必须创新，产业必须向规模化方向发展。今后养殖要取得好的经济效益，就必须改变旧的传统观念，尽快从"单打独斗"和家庭小作坊的养殖模式，向"抱团取暖"的规模化养殖方向迈进。作者认为"走产业化发展道路"已是中国养龟产业今后的必然选择。

7.1.5　调整产业发展方式

目前，中国养龟产业结构单一，不利于产业规模化发展。养龟产业如能调整发展方式，与其他产业融合形成多元化发展，不但能充分利用现有资源，还能延伸产业链，扩大产业发展空间，而且还能降低产业经营风险，增强产业发展后劲。

产业融合发展的方式，可考虑"龟农结合"，使养龟与果蔬或高档苗木种植等一起经营；与旅游业结合，把龟场建成休闲娱乐基地，发展旅游观光业；与餐饮业结合，发展健康养生业；与教育结合，使养龟场成为野生动物保护和青少年科普教育基地；与保健食品和制药企业结合，进行龟类深加工综合利用等。产业融合发展可推动产业向纵深方向迈进，是养龟产业发展的良好途径和新的经济增长点！

例如广东省茂名市电白区星火水产养殖有限公司，就是一家比较早地调整产业发展方式，改变单一生产经营结构，使自己的养龟业与其他产业融合发展。该公司龟场比较大、养殖的龟类品种也比较多，龟场分金钱龟养殖区、石金龟养殖区、黑颈龟养殖区、黄缘闭盒龟养殖区、火焰龟养殖区、中华花龟养殖区及陆龟养殖区7个区域，且场内建有供宾客参观、学习的观光长廊。除此之外，该公司还于2017年投资2 500万元建设龟类活体标本展馆和龟鳖文化展馆，以及征地400亩，准备扩大原有龟类养殖规模和兴建休闲龟类展示区、观光农家乐园、石金钱龟养生馆（饭店）、国防教育基地、会议及培训中心等，以集龟类养殖、乡村旅游观光、休闲娱乐、饮食住宿、养殖技术培训、会议交流、野生动物保护和青少年科普教育等于一体。这种多元化经营方式，有力地促进了该企业的发展，目前到该企业参观交流、培训学习、购买龟种和龟类产品，以及旅游观光的人很多，得到了较好的经济效益和社会效益。该公司董事长杨火廖先生是一名退伍军人，是中国亿万退伍军人中自行创业致富的杰出代表。

又如珠海康益达生物科技有限公司，也是产业融合发展的典范。该公司集龟用产品（药物、饲料添加剂、龟类饲料及养殖净水剂）生产、新型养龟技术培训、龟鳖疾病诊治、养龟试验示范推广、龟类种苗买卖及科学研究等为一体，目前已建成了较为完整的"养龟产业链"，因而前来该企业参观交流、培训学习、为病龟诊治、购买龟类种苗和龟用产品等的各地人员络绎不绝，该企业也收到了良好的经济效益和社会效益。因此，康益达被广大养龟从业人员称为龟界的明星企业！

7.2　依靠科学技术，提高产业运行层次

科技是产业持续发展的先导，人才是产业持续发展的基础，"科学技术是第一生产力"已经是不争的真理。[①]目前养龟产业运行层次低，正是科学技术水平不高和产业人才缺乏的表现；而产业低水平运作，是很难保证产业长期稳定和可持续发展的，往往是产量有了变化，市场也随之动荡不安。

上面有关章节提到，在产业发展的高峰期，一批养殖者的跟风养殖和脱离实际价值的龟价，在短时间内推动了龟类的大规模养殖，也吸引了国外大量龟种涌入国内，致使龟的存养量迅速增加。但正是由于产业处于低层次运行，龟的精深加工严重滞后，使得养殖户手中存养的大量龟出现了滞销，从而造成现在产业巨大振荡。因此，国家应加大科技投入并出台相关科技扶持政策，鼓励科技人员投身养龟产业，并支持有关科研机构和有条件的企业，大力开展科学研究和科技推广工作，扎扎实实地依靠科学技术提高产业运行层次，这样才能保证产业长期稳步发展。

作者所在的康益达企业，就是依靠科学研究和科技创新驱动企业发展的，其发展情况如下。

①1997年，康益达企业的第一家公司——珠海市康益达牧工商有限公司成立（为销售公司），其创造性地在全国采取"委托加工产品销售、技术服务带动销售和直营店连锁销售"三大经营策略，有力地促进了业务的开展和公司的发展，其经营的创新性在当时全国的水产畜牧行业产生了广泛影响，并被逐步模仿和复制。

---

①邓小平. 邓小平文选第3卷[M]. 北京：人民出版社，1993.

②分别于2005年和2009年康益达企业第二家公司（珠海市康益达生物科技有限公司）和第三家公司（珠海金达生物科技有限公司）先后成立。这两家公司内的养殖水环境调控剂厂、饲料添加剂厂、添加剂预混料厂和GMP动物药厂的相继投产，标志着企业的主营业务已由原来单纯的产品销售，逐步向"研产销"一条龙和"产学研"一体化的方向发展，企业实现了成功转型，并进入了发展的快车道。

③2010年，康益达企业中的珠海市康益达生物科技有限公司被评定为"珠海市农业龙头企业"（图7-4）；2011年，该公司的"啤酒厂下脚料酵母泥多酶解破壁技术及后续二次发酵工艺的研究与应用"科研项目，也获国家科技部立项和资助（图7-5），因此企业又展开了国家级科学研究工作，从而为康益达新产品的研发和技术创新提供科学数据，该研究成果也于同年获得国家发明专利。

图7-4　康益达公司珠海市农业龙头企业证牌

图7-5　康益达公司科研项目科技部立项证书

④2011年，康益达企业的第四家公司（珠海康益达农业技术有限公司）成立，为康益达企业申报国家科研项目，为企业科学试验及企业创收，开创了一条新路径。

⑤2012年，康益达企业的第五家公司（珠海康益达动物药业有限公司）成立，为企业探索连锁经营模式建立了平台。

⑥2012—2013年，康益达企业率先在全国研发、生产的龟鳖用品，是龟鳖行业公认的中国第一品牌，其产销路径也为中国首创。本企业研发的龟用产品，会在自己龟场先试用及自己的龟鳖医院进行疗效验证，然后在本企业的商学院进行内外使用技术培训，最后上市销售。

⑦2013年11月，康益达的"啤酒厂下脚料酵母泥多酶解破壁技术及后续二次发酵工艺的研究与应用"科研项目，以及酵母泥多酶解破壁技术参加第十届中国科学家论坛大会交流，荣获"2013中国科技创新最佳发明成果奖"，作者作为项目带头人和专利发明人之一也

被大会授予"2013中国科技创新人物",在北京人民大会堂受到中国科协主席、第九届全国政协副主席王文元、国家信息产业部部长吴基传等国家领导人的接见并接受中央电视台的采访报道（图7-6）。

图7-6 作者公司荣获"2013中国科技创新最佳发明成果奖",作者被授予"2013中国科技创新人物"。在北京人民大会堂受到第九届全国政协副主席、中国管理科学研究院院长王文元等国家领导人的接见并接受中央电视台的采访

⑧2014年6月，康益达企业率先在全国成立首家专业龟鳖医院——康益达龟鳖医院，其高水平的诊疗技术和全方位的诊疗服务，在行业内享有很高声誉，获得了较好的经济效益与社会效益。

⑨2014年10月，康益达商学院成立，为康益达企业的战略发展，创立了理论培训基地。该商学院自2016年年底以来，受政府有关部门委托举办的"国家水生生物病害防治员"培训班（即全国龟鳖养殖新技术培训班），也因企业有完善的龟鳖产业配套设施（可参观实习）、领先的"龟鳖养殖新技术"、科学的"龟病诊治方法"和学院高度负责的"教学理念"，赢得了广大学员的青睐，在业界产生了广泛的影响。在第6期培训班的开班仪式上，中国龟鳖协会李艺会长、全国龟鳖产业技术专家委员会主任顾博贤教授及广东省海洋与渔业技术推广总站罗国武站长等到现场祝贺，他们分别在开班仪式上讲话，对康益达企业所做的工作、

前沿的养龟理念及先进科学的养殖技术，表示了充分的肯定和赞赏。与此同时，培训班的举办，也对宣传企业和促进企业产品销售，发挥了积极作用（图7-7和图7-8）。

图7-7　康益达商学院于2017年6月24~25日，举办的第6期国家"水生生物病害防治员"培训班（万龟园班），来自全国各地共计160多人参加培训

图7-8　康益达商学院于2018年3月17~18日，举办的第10期国家"水生生物病害防治员培训班"，学员来自北京、江苏、浙江、福建、海南、广西及广东省，共7个省市区150多人参加培训

⑩2016年11月，康益达企业中的珠海市康益达生物科技有限公司，被国家科技部认定为"高新技术企业"，同年该公司获得8项国家发明专利；该公司自2010年至今，承担了国家和省市区立项的多个科研项目，也获得多项荣誉（图7-9）。

⑪康益达企业成立20年以来，一直坚持"诚实做人、诚信做事、品质立业、拓新进取"的经营理念，始终走科学发展之路，依靠科学研究和技术创新推动企业发展。目前企业已发

图7-9　康益达企业及作者在科技创新方面获得的主要奖励和证书

展成一家规模较大、科技含量较高的科技型、综合性、集团式的珠海市农业龙头企业，国家高新技术企业，在业界享有较高的声誉并具有较大的影响力，是龟鳖界的明星企业。先后有全国多个省、市、区有关政府部门和广东省各级农业部门的领导、全国各地的龟鳖协会组织及泰国农业部门的官员等，到公司参观、考察和洽谈合作项目（图7-10～图7-13）。

图7-10　农业农村部机关党委原副书记白文忠（左图左1）、农业农村部全国农加联盟水产产业专委会常务副主任兼秘书长陆远香（左图左3）、农业农村部渔业局原局长李振雄（左图右1）和全国龟鳖产业技术专家委员会主任顾博贤教授（右图左2）等领导和专家，于2017年10月31日到康益达生物科技有限公司参观、调研，对企业依靠科技创新促进企业发展表示十分赞赏

图7-11　中国龟鳖协会会长李艺（左图左3），于2016年4月14日到康益达生物科技有限公司参观考察及洽谈合作项目

图7-12　广东省农业厅郑惠典副厅长（左图左3）和省兽药监察所林海丹所长（左图左2）等一行人，于2017年2月21日到康益达生物科技有限公司参观、调研，对企业的科学研究工作及生态健康养殖技术表示充分肯定

　　毋庸置疑作者企业的发展历程和所取得的成绩，均离不开科学技术和技术创新。科学技术和技术创新同样是中国养龟产业提升核心竞争力和提高产业运行层次的原动力，是养龟产业健康、快速和可持续发展的重要保障。

　　作者总结了如下依靠科学技术提高养龟产业运行层次的具体措施。

图7-13　全国各地龟鳖协会等组织到康益达生物科技有限公司参观、交流和培训

7.2.1　积极争取国家科技扶持，努力提升产业科技水平

中国养龟产业目前已成了很多地区经济发展和人民致富的支柱产业，而且这个产业具有巨大的活力和市场潜力。但由于整个产业科技水平不高，所以只能低效运作。要改变产业目前现状，就应大力开展科学研究和科技推广工作，走一条科技含量高、产品高端化的路子。但科学研究具有长期性和连续性，而且有的研究项目具有投入大回报慢的特点，因而单靠企业的自身积累是很难开展重大科学研究和科技攻关的，故要争取国家科技扶持。如果要争取国家扶持，就需要行业协会和业内大型企业，平时加强与政府沟通，多进行工作汇报，争取将扶持龟产业的发展提升到国家的战略层面。这样集国家之力进行科技攻关，才能解决产业发展精深加工的瓶颈问题，并使之成为国家的品牌乃至世界的品牌。近年来，中央和地方政府对行业协会的工作越来越重视，已将一部分工作委托给行业协会来完成，由行业协会为政府提供服务已经进入了实施阶段。行业协会如能做到制度化、常态化和系统化地向政府进行工作汇报并进行良好沟通，使行业协会的工作纳入政府的工作，并积极为政府提供决策依据，那么这将对争取国家扶持，促进养龟产业顺利、快速发展发挥重要作用。

7.2.2　加强人才队伍建设，以科技促进产业发展

人才是产业持续发展的基础，在产业发展过程中占据着至关重要的地位。只有建立适应产业发展的科技创新人才队伍，才能促进产业更快发展。习近平在2018年5月28日的"中国科学院第十九次院士大会、中国工程院第十四次院士大会"上说："我们坚持创新驱动实质是人才驱动，强调人才是创新的第一资源，不断改善人才发展环境、激发人才创造活力，大力培养造就一大批具有全球视野和国际水平的战略科技人才、科技领军人才、青年科技人才和高水平创新团队。"而当前中国养龟产业高层次人才缺乏对产业发展影响很大。因此，产业要加强人才引进和强化人才培养，作者建议从如下两方面开展工作。

①创造条件吸引人才。由于养龟业是一个新兴产业，目前产业内高端专业技术人才缺乏，以致产业整体运作水平不高，长此下去势必影响产业的高效、快速和可持续发展。也正是由于"人力资源是最重要的生产要素，是具有特殊意义的重要资产，企业对人才的激烈争夺，推动着专业人员薪酬的持续上扬和人才的跨国流动。"[①]

政府应发挥主导作用，大力支持行业创造条件吸引高新技术人才进入中国养龟产业，尽快壮大养龟产业人才队伍。政府可考虑在创业环境、企业制度和薪酬水平等方面采取"一揽

①沈志渔、罗中伟，等. 经济全球化与中国产业组织调整 [M]. 北京：经济管理出版社，2006.

子"措施，吸引国外留学人员回国和产业外高层次人才进入产业内工作。同时要创造有利条件和机会，使进入产业内的优秀人才有发展空间，成为行业的科技骨干，能够引领及带动产业从业人员重视科学和依靠科技创新，推动产业发展。

②加大对现有人才的培养。养龟产业经过长期的发展，虽然造就了一批熟悉养殖、懂得经营管理且有一定科技基础的人才。但是，面对当今科学技术的日新月异和竞争激烈的市场，现有人才的科技水平已难满足产业快速发展的需要，因此采取有力措施，加大对现有人才的培养力度，进一步提高他们的科技水平和实际工作能力，才能为养龟产业的发展提供人才保障。同时建议在养龟主产区的职业高中和农业院校，开设养龟产业相关课程或专业，为龟类科学养殖、疾病防治、深加工及产品营销等方面，培养专业人才。这是加强人才队伍建设的重要举措。

7.2.3 依靠科学技术，推动产业经济转型

"技术不仅是产业结构升级和经济发展的根本推动力，而且也是决定国际竞争力的关键因素。"[①]因此，中国养龟产业的经济转型，必须依靠科学技术推动。目前，中国养龟产业还处于低层级运行，经济增长不是靠科技，而是靠增加生产要素的投入来实现，即主要通过增加投资、扩大养殖面积和增加劳动投入等要素来提高产量，从而导致资源消耗较多，生产成本较大，产品质量难以提升，产品科技含量不高，经济效益不理想。这种经济增长方式通常称为粗放型经济（又称外延型经济增长方式）。

上述这种粗放型养龟方式存在诸多问题，已经不适应产业发展的需要，必须通过增加科技投入来提高产业的运行层次。即在生产规模不变的基础上，主要通过采用新技术、新工艺去改善生产条件，降低生产成本和提高产品科技含量，实现养龟产业经济增长。这种经济增长方式通常叫作集约型经济（又称内涵型经济增长方式），其基本特征是依靠先进的科学技术提高生产要素的质量和利用效率，从而实现经济增长。故资源消耗较少，生产成本较低，产品质量和产品科技含量能得到不断提升，经济效益好。

粗放型经济与集约型经济是相对而言的，很多产业发展的初始阶段，都是靠粗放型经济增长方式发展起来的，中国养龟产业也是这样。但当产业发展经过一段时期和形成了一定规模后，就只向集约型方向发展，才能保障产业的快速和可持续发展。并以市场为导向，加快产业内部结构和产品结构调整，大力发展名、特、优产品；注重产品质量提高，推广生态健康养殖，严格管控龟产品生产、加工、流通各环节的质量安全；大力扶持加工企业，提高

---

①沈志渔、罗中伟，等. 经济全球化与中国产业组织调整[M]. 北京：经济管理出版社，2006.

加工产品的档次。只有依靠科学技术提高产业的运行层次，产业的经济转型才能顺利。

7.2.4　增加公共投入，提高产业运作水平

产业的发展需要投入，而投入的大小及投入的结构是否合理，会直接影响产业发展的速度。投入一般分为两大类，一类是养殖生产者私人的劳动和物质投入，称为私人投入；另一类是国家在科研、养殖生产基本建设方面的投入，称为公共投入。私人的投入是有限的，如果靠私人自身积累投资建设公共生产设施和进行重大科技攻关是很困难的，所以提升产业科技水平，推动产业快速发展所需要的投入主要还是靠公共投入。在公共投入中，科技投入最为重要。加大产业科技投入，尽快解决龟的精深加工严重滞后的问题，从而提高龟类产品附加值和增强龟类产品市场竞争力。

中国民间养龟虽然历史悠久，但养龟产业却是近年来发展起来的，在这个发展过程中多为私人投入，公共投入极少。所以目前公共生产基本建设（如疫病监测控制中心、龟类产品质量安全检查实验室等）、重大科技攻关（如龟深加工药用成分提取）等，都未很好开展，以致养龟产业装备落后、经营规模小、劳动生产率低、生产成本高、产业自身积累能力弱，产业的发展仍处于较低水平。

根据中国的国情，最好的途径是提高单位面积产量，而提高单位面积产量则需要增加单位面积投入。如果"靠增加私人投入来提高单产，那么在提高单产的同时也提高了产品的生产成本，由于可变生产要素的边际收益递减规律，当私人投入量超过一定范围后，其边际产量是递减的，导致成本增幅大于产量增幅，单位产品成本上升。"[①]如果增加公共投入，特别是增加科技和基本建设方面的投入，在私人投入不变的条件下可提高单产，或者在单产不变的条件下减少私人投入，即可降低单位产品成本。目前中国养龟产业产品成本的增加与公共投入不足有很大关系，用公共投入替代部分私人成本有重要意义。

此外，在龟的养殖和加工过程中，由于公共投入少，从业人员不得不增加私人投入，这样就增加了他们的生产成本，由此会影响其积极性。另外，由于公共投入少，特别是科研投入的严重不足，致使龟类产品质量得不到提高，产业长期处于低水平运行，无疑阻碍对产业的可持续发展。因此，今后养龟产业必须增加公共投入，而且投入的目标是提高单产、产品质量和附加值，投入的重点是科研和基础设施建设。科研又以龟的深加工技术研究、产品创新、先进养殖技术推广、重大疾病监控、产品安全与质量监控、龟类生物多样性保护与种质资源保存等方面为重点，在单产和产品质量不变的前提下，有效减少物质要素的投入，从而

---

①山世英．中国水产业的经济分析与政策研究［M］．浙江：浙江大学出版社，2007．

最大限度地降低生产成本，并进一步提高产品科技含量，以增强产品市场竞争力和促进产业快速发展。

7.3　创新经营管理模式，促进产业发展

目前中国的养龟产业仍以一家一户为主体进行养殖和销售，这种小型、零散和各自为政的养殖与经营模式，已经不适应产业发展的需要，产业的快速发展和市场的变化，促使产业要创新经营管理模式和走产业化发展道路。创新经营管理模式的具体措施建议如下。

①政府有关部门和行业组织，引导和扶持养殖户成立专业合作社。成立养龟专业合作社，可将零散的养殖户全部纳入合作社统一管理；合作社成立后，再通过自愿入股的方式成立股份制养殖公司；公司可采取家庭式生产、集团式管理的经营模式。同时通过养殖公司与专业合作社的结合，形成"养值公司 ＋ 合作社 ＋ 养殖户"的产业化运作，将此三者的利益通过市场手段有机地联系在一起，但又相对独立。如养殖公司负责选种育苗、养殖技术标准制定、龟深加工和龟类产品销售等；合作社负责指导养殖户养殖，并为养殖户统一采购养殖用品，提供养殖技术服务和监督养殖户按照标准进行养殖；养殖户（社员）则负责按照合作社提供的养殖技术标准进行养殖，并对自己的种苗种质和龟类产品的质量安全负责，履行社员义务。通过这样的创新经营管理模式，来促进产业发展。

②完善"公司＋合作社＋养殖户"的产业化运作模式。使养龟产业的经营主体结成利益同盟，实行"整体化布局，专业化生产，一体化经营，企业化管理和社会化服务"等经营管理模式，形成"市场连公司、公司牵合作社、合作社带农户"的产业化经营格局，进而提高养龟业的产业化水平、生产组织化程度和规模效应，从而实现养殖户、合作社和养殖公司三者共赢。这样不仅可加快养龟业产业化发展，也有利于确保产品质量安全，而且还符合国家政策导向，还可争取国家扶持。如《中华人民共和国农民专业合作社法》中第十一条就规定："县级以上人民政府应当建立农民专业合作社工作的综合协调机制，统筹指导、协调、推动农民专业合作社的建设和发展。县级以上人民政府农业主管部门、其他有关部门和组织应当依据各自职责，对农民专业合作社的建设和发展给予指导、扶持和服务。"由此可见，实施养殖经营模式创新，很有必要，且势在必行。

7.4　实施养龟产业生态化和推广健康养殖

　　龟是大自然赠给人类的宝贵礼物，是药食同源的美味佳肴。据此，我们应实施养龟产业生态化和大力推广生态健康养殖，尽量给龟创造一个适宜的生态环境，使人工养殖的龟同样享受到一种回归自然的幸福感（图7-14）。这也与中共十八大提出的"要以科学发展观为指导，走可持续发展的绿色环保产业化发展道路"相一致。

图7-14　珠海康益达龟类繁育研究中心生态健康养龟场

7.4.1　构建养龟产业生态系统

　　构建养龟产业生态系统，实施产业生态化，就是要求养龟产业的各个环节，要仿照自然生态系统的循环模式运行，使资源得到循环利用和尽量减少废物排放，从而促进产业与自然环境和谐发展。构建养龟产业生态系统，作者认为可以从如下几方面入手：

　　①在强制实施国家标准的基础上，推行清洁生产，以绿色环保为各种龟类产品生产的前置条件，强化龟类产品的绿色环保概念。

　　②建设养龟生态示范园，引领养龟产业向"省工节水、节能减排、生态环保及效益好"的方向发展。即在进行产业园区规划和建设时，要将产业生态学原理和循环经济学理论，作为园区规划的重要指导思想，并贯穿于规划和建设的全过程，同时出台相关政策认真落实和扎实推进。

　　③实施大企业培育，发挥其示范带动作用。即对建设养龟生态示范园有困难的地区，可在产业中选择基础设施好、技术力量较强、养殖规模较大及有发展潜力的养龟企业，实行重点培育和扶持，使其壮大而起到示范带头作用，以带动周边广大养龟户进行生态健康养

殖，促进养龟产业向生态化的方向发展。

据报道，浙江省湖州市正在加快推广龟鳖生态化养殖模式。该市近年来在拆除温室和温棚（因为此种养殖方式产生污水多，对环境污染严重）的同时，全市各级农业部门共同努力，积极推广龟鳖生态化养殖模式，以加快养殖方式的转变；并依据生态化、标准化的理念，鼓励养殖户采用"温室育种＋外塘仿生态养殖"的两段模式，推进养殖方式转型升级。同时着力培育标准化龟鳖养殖场、生态化养殖示范乡（镇），充分发挥经营主体示范带动作用，推动行业生态化、标准化建设，每个县区至少培育1个生态化养殖示范乡（镇）和两个龟鳖示范场。[①]

另外，作者实地调查，广东、广西和海南等省区，也都陆续推广龟鳖生态化养殖模式。

7.4.2　大力推广生态健康养殖

生态健康养殖的理念就是科学养殖，根据龟类正常活动、生长和繁殖等的生理要求，选择科学的养殖方法和科学的模式进行养殖，并进行系统的规范化管理，使其在人为控制的生态环境中健康生长和繁育。

生态健康养殖包括建造合理的养殖场所和配备先进的设施设备，进行科学的苗种培育，采取合适的放养密度，优化养殖水环境，投喂全价饲料，合理使用药物并且进行科学的养殖管理。生态健康养殖是通过先进、科学的养殖手段，最终获得质量好、产量高、健康安全的产品，并使养殖全过程不污染环境，从而在创造良好经济、社会和生态综合效益的同时，又能保持自身稳步和可持续发展（图7-15）。

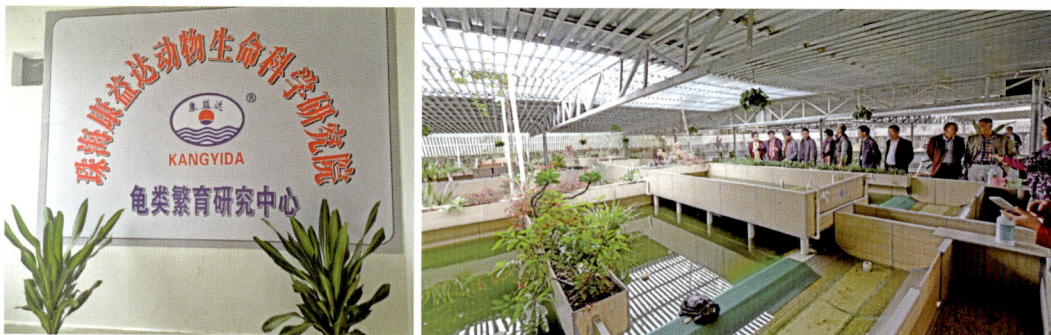

图7-15　珠海康益达龟类繁育研究中心生态健康养龟场

---

① 杭州市龟鳖行业协会. 龟鳖动态[J]. 2016（12）：3.

中国广大养龟户大都还采用传统方法养殖，所以大力推广生态健康养殖，实施养龟产业生态化势在必行。例如由作者研究发明的，且被养龟界普遍认可的"应用生物技术，可少换水把龟养得更好"的技术[①]就是一种创新。

这套技术和模式的原理为：利用生物技术和利用生物技术产品（益生菌类饲料添加剂）的"净水除臭、占位性保护、抑制性保护、抗应激和帮助消化吸收"等生物作用，使龟类养殖水体得到净化和除臭。应用这套技术可使成龟池养殖水体 1～3 个月更换 1 次，育苗龟箱 1～2 个月换水 1 次，既省工、节水、节能，又减少环境污染，龟还健康、繁殖力高。而传统养龟法养殖水体几乎要天天换，这样龟反而不易养好。故这种节约型、环保型、健康型、和谐型与效益好的养龟新技术、新模式，将会成为实施养龟产业生态化的重要措施。

7.5　打造养龟产业集群，全面提升产业竞争力

产业集群是市场经济条件下工业化进行到一定阶段后的必然产物，是现阶段养龟产业竞争力的重要来源和集中体现。产业集群突破了企业和单一产业的边界，不仅体现区域产业结构的优化升级，还包括区域内企业的纵向一体化发展，是打造区域品牌的重要途径。目前养龟业作为特色产业，其特征和产值规模已经具备了"产业地方专业化"的集群产业特征和基础，实施产业集群战略是养龟产业做大做强的必由之路。打造养龟产业集群的具体措施建议如下。

7.5.1　推动养龟产业集聚，促进产业集群发展

中国养龟业经历了漫长的历程后，才在近年发展成为一个有活力的产业，作为政府，尤其是主养区地方政府，应制定有利于产业集聚的政策，以推动养龟产业集聚，同时因势利导、因地制宜地引导和扶持产业向集群方向发展，并积极协助行业协会或专业合作社，引进产业链中最具竞争力的大型企业组成产业集群，并主导建立专门的中介服务机构，以协调和解决产业集聚与产业集群发展过程中可能出现的问题。此外，还要建立保持集群内成员利益一致性的机制，以规范企业的竞争行为，为养龟产业集群发展创造优质的环境。

---

①中国渔协龟鳖产业分会. 中国龟鳖信息[J]. 2016（1）：40-43.

7.5.2　优化产业资源配置，以利产业集群发展

产业发展是否高效，与生产要素资源配置是否合理有很大关系，故应优化生产要素资源配置，为养龟产业集群发展创造条件。一是政府和行业组织，要设法使金融机构与产业集群发展融为一体，以提供资金保障；二是加大技术人员培养和其他从业人员培训，为养龟产业的集聚发展提供人力资源保障；三是大力培育企业家精神，使养龟产业集群的发展充满活力。

7.5.3　创建养龟产业园，加快产业集群发展速度

随着养龟产业的不断发展，龟类存养数量越来越多，阻碍产业快速发展的问题也越来越突出。如原来利用家庭庭院、屋顶天台和闲置室内养殖的养殖户已感到了压力，而小规模、零散养殖的也感到获利困难。因此，产业不进行转型升级就没有出路，由楼宇、庭院等室内、小规模养殖，逐步转向室外、大规模产业化养殖是大势所趋。这种情况正如迈克尔·波特在其《竞争战略》中所说："零散型产业是一种重要的结构环境，在其中，有许多企业进行竞争，没有任何企业占有显著的市场份额，也没有任何一个企业能对整个产业的发展具有重大影响。在一般情况下，零散型产业由很多中、小型企业构成，其中许多是私人控制的。……克服零散的基本方法是创造规模经济或经验曲线……"① 由此可见，目前中国养龟产业亟须转型升级和向规模经济发展。

根据现代产业经济学理论可知，创建"产业园区"是促进产业集聚发展和推动产业转型升级的有效载体。实践也证明，特别是我国产业经济发展的成功经验证明，产业园区承载着开拓发展新领域、延长产业链条、拓展销售市场、促进产业企业交流合作及发挥示范引领等多方面的功能和作用。因此，作者认为建设养龟产业园同样是推动养龟产业转型升级，加快养龟产业集聚发展的重要途径。为适应养龟产业转型升级的需要，除新建产业园外，还可将转产转业的畜牧场、水产养殖场、农场、工业厂房和其他产业的园区改造成养龟场或养龟产业园，这就为养龟业由室内仿生态养殖向室外全生态养殖的转变提供了基础，更有利于自然资源与生产要素配置的充分利用和优化，有利于实现产业生态化和集群发展。作者认为，创建养龟产业园区，加快产业集聚，要做好如下工作。

①当地政府要做好规划。要按照产业发展和打造养龟产业集群的目标要求，在用地规划、功能设置、配套设施、两化融合及绿色环保等方面，进行规划设计。

---

① 迈克尔·波特. 竞争战略[M]. 陈小悦，译. 北京：华夏出版社，2005.

②要为入园企业创造良好条件。即要加大园区水、电、路、通信等基础设施建设力度，为入园企业提供优质的"硬"环境；同时出台配套政策，从养殖、销售、深加工、科研、服务及与养龟有关的生产投资项目等，给予最优惠的政策扶持，为入园企业提供优质的"软"环境。

③打造园区投融资平台，突破资金瓶颈。可按照建立现代企业制度的要求，采

图7-16 广东省博罗县杨侨镇李艺万龟园

取独资、控股、参股、混合所有制等多种方式，组建企业平台，筹集资金，为园区建设提供支持。

④创新园区招商模式，吸引更多优质企业入园。可把产业招商和政策招商有机结合，特别要突出产业招商；同时，可采用股权投资、无形资产（知识产权）投资，以及采取一企一策、互利共赢的办法，有针对性地吸引一些国内外知名的龟类加工企业、中介服务机构和科研院所入住园区，从而加快产业集聚发展。

据报道，广东省中山市目前全市拥有亲本种龟1万只以上、养殖商品龟5万只以上的龙头企业和大户有200多家，品种涵盖金钱龟、石金钱龟等主要名贵高档品种。另外，全市已建或准备建的龟鳖产业园区有5个，产业化条件已趋成熟，未来将向标准化和园区化方向发展。[①]

近年来，各地养龟产业园区已陆续开建，其中建得最好的是广东省博罗县杨侨镇李艺万龟园（图7-16）。其他产业园，如前几年已立项开建的广西壮族自治区钦州市的"中国龟谷"、广东菊花湾世界名龟园和茂名金龟产业园等。

7.6 加快产业转型升级，促进产业稳步发展

目前，中国经济正面临着重要的变革时期，正处于建立新发展模式的重要阶段，产业与时俱进地进行结构调整和转型升级是必然的选择。中国养龟产业也一样，正面临着全面转型升级的趋势，不转型就没有出路，不升级就没有发展的生命力。

---

① 杭州市龟鳖行业协会. 养鳖动态[J]. 2016（11）：2.

此外，我国养龟产业经过较长时间的发展，并经历了2014年的高峰发展期后，告别了暴利时代进入了低利运行阶段，以及资源要素进入了高成本期，这种情况倒推产业必须加快转型升级和改变粗放型增长方式。事实上，我国传统的养龟方法和模式已经不适应新时期发展的需要，因为养龟产业经过多年发展后，量变发生到今天这个程度，必然会导致质变，质变的结果必然会促使产业结构调整和产业转型升级。如石金钱龟是产业中养殖数量最多的品种，据《中国龟鳖》杂志介绍，2016年的存养数量已超过4 000万只，养殖数量的不断增多和养殖规模的迅速扩大，以及龟苗价格与成龟价格趋于合理状态后，产业就必然要进行转型升级。另外，石金钱龟的药理作用比较明显，商品龟进入药用消费流是养殖石金钱龟的重要出路。据《中国龟鳖》杂志介绍，"石金钱龟在肿瘤病人术后化疗中的补养和提升白细胞作用是无可替代的。而全国每年新增肿瘤病人430万人，所以石金钱龟市场潜力是巨大的。"因此，产业中有条件的企业应该加紧龟的深加工和综合利用研究，尽快研发出药用性的尖端产品，并做好宣传推广工作。

至于金钱龟和黄缘龟，则是中国国龟级的两个当家品种，数量有限。据《中国龟鳖》杂志介绍："金钱龟2016年全国存养总量约为115万只，黄缘龟为60万只。存养量要超过1 000万只，金钱龟还需要35年以上，黄缘龟还需要25年以上。这两个品种都是人们非常喜爱的品种，也包含着吉祥寓意。所以，是收藏级的家养宠物。只要把这两个国龟级品种的居家收藏养殖市场开发出来，会保持五十年以上的良好发展时期。"

综上所述，作者认为可通过建设养龟产业园区，加快养龟产业转型升级和带动名龟规模化养殖；通过加快龟的深加工综合利用，推动名龟产业优化调整；通过产业转型升级，形成区域性经济发展的增长点。这些都是加快产业转型升级，促进产业稳步发展的重要战略措施。

7.7   加强品种选育，提高养殖经济效益

龟品种种质是龟类健康养殖的物质基础，是基本的生产资料。在自繁自养的同时，适度引进良种和加强品种选育，做好品种提纯复壮工作，可为龟类健康养殖打好基础。而做好龟的选种和育种工作，培育出优质龟类种源和推广良种养殖，是提高养殖单产及龟产品质量，进而提高养殖经济效益的重要手段。加强品种选育具体措施建议如下。

7.7.1　加强技术培训，做好选种工作

目前大部分养殖户因受专业知识的限制，不懂或不重视龟的选种和保种工作，以为每次从龟群中选择个体大的留种自繁自养就行，殊不知会引起群内近亲繁殖，从而导致龟群出现品种退化、抗病力差、生长慢、繁殖力低和变异畸形等问题，甚至还会导致原有品种特征和特性消失等严重后果。此外，也有些养龟户只要有新品种龟就去购买，买回后便与其他品种龟混养在一起，让其自然交配繁殖，即种群之间无序杂交，这样也会造成优良品种基因混乱和种质严重退化。

因此，政府有关部门及行业组织，要加强养殖户技术培训，普及龟类品种选育知识，并积极指导养殖户进行科学的品种选育和分品种饲养；并扶持有潜力的大型养殖企业，建立良种繁育示范基地，并对示范基地进行技术指导和动态监测管理，这是提高龟类良种繁育效果和种源保护的重要举措。

7.7.2　开展杂交利用，提高养殖经济效益

实际生产中，人们常通过不同品种之间的杂交，使其后代产生杂种优势而改良和提高物种的生产性能。也即杂交育种是人类有目的地使杂交亲本的遗传基因通过重组、分离和后代选育，育成更优良的新品种的方法。另外，杂交也是产生和培育新品种的途径，而且产生的新品种不会被列入国家龟类保护名录，可大力开发利用。

但目前的养龟户大多数不懂什么是杂交育种，故乱引种、乱杂交的现象普遍，致使龟类种源污染严重。而且那种随意、无序的杂交，不仅难以获得理想的杂交效果，反而会造成原种龟群基因混乱或原有特征特性消失。因此，我们既要进行合理的杂交利用，又要做好保种工作，反对那种无序和随意的杂交。在开展杂交利用时，要根据遗传育种学的原理和方法有序地进行，只有这样才能获得理想的杂交效果。近年来，龟类养殖者们利用杂交育种技术，培育出的新品种也逐渐形成了杂交龟市场。如石金钱公龟与金钱龟母龟的杂交后代"石金龟"、黑颈乌龟与金钱龟杂交的后代"黑金刚"，以及中华草龟与中华花龟的杂交后代"花杂草"等杂交新品种，都表现出明显的杂种优势。

此外，我国有些龟场利用黄喉拟水龟、鹰嘴龟和四眼斑水龟等龟种，培育出的"绿毛龟"观赏品种，大受市场欢迎，从而进一步拓宽了龟的用途。还有一些龟场利用鳄龟、鹰嘴龟等龟种，训练其打斗技能，培育出专门用于娱乐打斗的"斗龟"和"杂技龟"等品种，这也是一种创新。

7.8　加快龟类深加工利用和实施产品创新

目前，中国养龟产业的快速发展，迫使产业必须加快龟的深加工研究和综合利用。另外，随着人民生活水平的不断提高和生活节奏的加快，人们对方便易食和有独特功能的产品消费需求大，这也就要求我们加快龟的深加工步代。因此，做好龟的深加工综合利用和实施龟类产品创新，是解决养龟出路和提高养龟经济效益的重要途径。

7.8.1　加快龟深加工利用，保障产业顺利发展

中国养龟产业已进入快速增长期，龟的存养量增多，产业也发展成一定规模，但龟的深加工综合利用却严重滞后，由此严重地阻碍了养龟产业的发展。因此，应加快龟的深加工综合利用，保障产业顺利发展。

市场上的龟类消费主要包括城乡居民鲜食消费、加工工业原料消费、居民养殖观赏及留种繁殖消费等，但鲜食、养殖观赏和留种繁殖等的消费数量有限，大量消费还需靠加工工业原料消费。现在虽然有不少生产龟苓膏、龟酒和龟甲胶等粗浅的加工企业，但这些加工企业的工业原料消费也有限，所以还是要依靠精深加工工业的原料消费。

此外，现在养殖的名龟品种，特别是其中养殖数量最多、发展最快的石金钱龟为国家二级保护动物，更未收录入国家药典，故不能随意宰杀利用；再加上龟类精深加工工艺技术也未完全攻克，所以这些因素会影响石金钱龟等名龟进入药用消费流。

根据上述情况，作者建议采取如下措施加快龟的深加工综合利用。

①龟类加工企业只有走产业化发展道路和进行规模生产，才能提高企业经济效益和解决龟类深加工问题。现有的小型加工企业要靠自身积累和自我扩张去壮大加工生产规模是很难的，并且需要很长时间。对此，作者希望政府有关部门充分发挥竞争机制的作用，通过市场竞争促使更多的社会资源流向优势企业，为大企业的形成和发展创造良好的政策环境；同时借鉴美国等发达国家形成大企业的经验，积极鼓励和帮助企业进行兼并或重组。在兼并或重组的过程中，除鼓励优势企业兼并劣势企业外，也要鼓励企业强强联合，这样就有可能在较短时间内，将小型加工企业培育成先进的大型加工企业，再进行规模化生产。

②政府大力扶持有关科研机构和有条件的企业开展龟的深加工技术研究，是解决龟深加工综合利用的重要途径。目前，中国养龟产业的快速发展，倒逼行业加快龟的深加工利用，而这项工作却严重滞后，以致产业发展起来了，但龟的防病抗衰老和抗癌等药用成分的深加工提炼技术还未突破，龟最重要的药用价值未得到充分利用，极大地制约了产业的发

展。因此，政府有关部门应主导和大力扶持有条件的相关企业，积极与医学、生物工程、食品等专业院校、科研机构和肿瘤医院等单位合作，通过大力开展产学研活动对龟的精深加工技术进行研究，以攻克龟类防病抗癌和美容抗衰老等药用成分的萃取与综合利用技术，努力开发出科技含量高，附加值大的龟类产品，使龟的最大功效得到释放。这样养殖者手中的龟才能不断消费，才能保障养龟产业健康、快速和可持续发展。而且现代临床医学已证明龟确实有防病抗癌等药理作用，如"石金钱龟在肿瘤手术后患者白细胞的恢复方面显示出来的神奇效果，受到了社会层面的普遍认可。石金钱龟特有的药用价值也引起了制药行业的关注。"①因此，尽快使龟的消费进入药用消费流就显得非常重要。而现在龟市低迷，龟价处于低位，正是开展龟的深加工技术研究和综合利用的好时机。做好龟的深加工综合利用，使龟以营养保健为主的消费转入药用消费，是解决养龟产业出路的重要途径。

③加紧名龟特别是石金钱龟进入国家药典的申报工作，同时大力开展龟的药理作用研究，为名龟进入药用消费流和大量利用创造条件。我国目前只有中华草龟（乌龟）进入了《中国药典》，制药企业可放心利用。但是其他品种龟，特别是人工繁育的名龟未进入药典，这样如果制药企业大量利用就会存在法律风险，这是阻碍名龟进入药用消费流的重要原因。因此作者认为，石金钱龟在名龟中养殖数量最多，增殖快，对产业发展影响大，故应优先开展石金钱龟入药典的申报工作。这项工作最好由国家级行业组织（或协会）牵头，联合地方行业组织成立"申报工作小组"，扎扎实实地开展工作，使石金钱龟尽快进入国家药典。另外，还应同时开展石金钱龟防病抗癌等药理作用研究，为今后申报具体治病产品打好基础。

④政府积极协助加工企业与养殖者共建养殖基地，是保障加工原料质量和供应稳定的重要举措。在做好上述龟的精深加工技术研究与综合利用之后，还要保障加工原料的质量和供应稳定。针对这一问题，作者认为当地政府及民间的龟类行业组织，可通过鼓励和协助加工企业与养殖者共同建立产品加工原料基地等措施。即建业与养殖者的紧密联结机制，由企业帮助原料基地内的养殖者改善生产条件，为养殖者提供技术支持，并为其提供购买种苗、饲料和药物等生产资料的服务；而养殖者则按照企业要求组织生产，企业再实行保护价收购，以实现养龟者增收与企业增效。这样既能确保企业的加工原料来源优质、稳定，又能保证养殖者有稳定的收入。此外，政府及行业组织还可鼓励和协助养殖者成立养殖专业合作社，由合作社代表养殖者与加工企业商谈产品生产与销售等问题。这样一方面可减少企业与养殖者的直接接触，避免不必要的摩擦与矛盾；另一方面又能最大限度地代表和保护养殖者的利益，从而充分发挥养殖者的积极作用，有利于确保加工原料的质量。与此同时，加工企

①中国渔协龟鳖产业分会. 中国龟鳖[J]. 2017（2）：1.

业再通过统一品牌、联合营销及联户担保等运作形式，进而提高原料生产和深加工的组织化程度，以及深加工产品的市场竞争力。

7.8.2　实施龟类产品创新，提高产品市场竞争力

目前，中国对龟的利用还基本停留在低层级的鲜食或保健作用，治疗作用的价值还没有体现，而且各个企业生产的产品其功能描述大同小异，同质化严重，故难有强大的市场竞争力。此外，养龟业是一种特养产业，其产品大部分是为了满足人们的特殊需求而生产的。因此，大力开展龟的深加工综合利用，想方设法提炼和研制出核心技术产品，实施产品创新，以适应新生代对产品食用方便的需要，并使龟类产品尽早进入药用消费流，以满足人们的特殊需要，这是大规模扩大消费需求的最有效途径。

习近平指出："企业是创新的主体，是推动创新创造的生力军。正如恩格斯所说，'社会一旦有技术上的需要，则这种需要就会比十所大学更能把科学推向前进'。要推动企业成为技术创新决策、研发投入、科研组织和成果转化的主体，培育一批核心技术能力突出、集成创新能力强的创新型领军企业。"对此，政府有关部门应加大力度，扶持有条件的科研单位和企业进行科技攻关；同时制定有关优惠政策，以吸引国内外科技专家、企业家参与技术研究和产品开发，鼓励技术人员以技术参股的形式促进技术成果转化，进而推动产业发展和提高产业科技水平。

此外，"加强研究开发力度，不断开发出具有高科技含量、高附加值的创新产品已成为垄断资本获取高额利润、争夺世界市场、提高竞争力的主要手段。"[①]因而实施龟类产品创新，着力研制出针对性强，效果好的抗病、防癌抗癌等科技含量高、附加值大的治疗型产品。同时根据药食同源理论，龟既是药物，又是上等的美食美容和抗衰老保健品，而且国内外保健品的市场容量很大，故也要加大对龟类保健食品的开发力度，努力探索和生产出效果好且适合销售的保健产品，以提高产品市场竞争力和市场占有率。

7.9　加强龟类产品质量监管，努力提高产品质量

我国龟类产品质量安全体系建设未能适应产业发展和市场竞争需要，目前产品的生产没

①沈志渔、罗中伟，等. 经济全球化与中国产业组织调整[M]. 北京：经济管理出版社，2006.

有标准可依，企业也未认识到进行HACCP（危害分析和关键控制点）产品认证对提升企业质量管理水平、规范企业生产行为、提高产品质量和市场竞争力的重要性。但是随着人民生活水平的不断提高，人们对产品质量安全的要求越来越高，优质无公害产品的生产已受到社会的高度重视。而优质无公害产品的生产，对产地环境、生产过程和产品质量等有严格的规范和要求。如果政府和行业组织想要尽快开展龟类产品质量安全体系建设，就要加强产品生产过程的质量监管。提高龟类产品质量的具体措施建议如下。

7.9.1　加强技术培训和行政监管，保障产品质量安全

由于政府目前在养龟产业方面的投入少，因而对先进养殖技术的培训和推广还未到位，对病害防治方面的研究落后，以致整个养龟产业的科技水平不高，养殖户大都缺乏应有的养殖技术和疾病防治知识，对病害防治只停留在治好病的层面上，对于耐药性和药物残留等问题并不考虑，所以他们认为经常或定期在龟饲料中添加一些抗生素或化学药物，就可预防疾病或提高生产性能，殊不知这样做不仅无益反而有害。龟的致病因素除病原体（如细菌、真菌、病毒、寄生虫等）外，还与气候、养殖水质、饲料、种质和管理等有关，而且龟病的种类又很多，加上每种药物抑杀病原体的作用范围有限，这样盲目在饲料中添加抗生素和化学药物很易造成耐药性和药物残留；同时抗生素本身也有一定的副作用，这样长期使用不仅对龟的生长和繁殖不利，而且还易引起龟的免疫力下降，甚至畸形。再者，这样滥用药物，还会造成龟类产品药物残留，从而危害人类健康。对此，很多国家早已严厉禁止在饲料中添加任何药物，我国农业农村部兽医局局长冯忠武2018年4月16日在湖南长沙召开的"2018中国饲料发展论坛"上，提出2020年后药物饲料添加剂拟退出市场，宣告了药物饲料添加剂命运的终结。

另外，行业还缺乏执业兽医师指导，绝大多数养殖户不懂龟病和龟药，故龟发病后"病急乱投医、乱用药"的现象很普遍，以致耐药性、药物残留等问题越来越严重。而实践证明，科学诊断和合理用药，是提高疾病治疗效果、防止耐药性及药物残留产生的关键，也是保障龟类产品质量安全的前提。故当龟发病后，先要用科学的诊断方法对疾病进行确诊，然后对症用药、合理用药和坚持用药。治疗龟病药物要对症，剂量要合适，一般1~2个疗程，每个疗程5~6天。但就目前养龟产业的科技水平，还没法做到科学诊断和合理用药。

因此，政府应加大养龟产业的投入，并依托行业组织加强龟类养殖与疾病防治技术培训，引导广大从业人员进行生态健康养殖和合理使用药物，同时加强兽医行政执法，严厉打击非法行医和违法使用药物等行为，以保障养龟产业健康发展和杜绝龟类产品质量安全隐患。

7.9.2　制定相关技术标准，使产品质量监管有依据

由于养龟产业目前还没有统一的养殖技术标准、产品质量标准和产品质量检验技术规程，又缺乏专业人员指导，所以养殖户对所用的饲料、药物及养殖管理等，只好靠经验行事；对养成的商品龟及其加工产品的药物残留量、重金属含量和有效成分等，也缺乏质量检测判别依据，以致目前龟类产品良莠不齐，同质化竞争严重，不利于行业发展。因此，希望政府有关部门联合行业组织，加快制定相关技术标准和质量检验操作规程，并严格贯彻执行。这项工作是确保龟类产品质量安全的重要手段。

7.9.3　实行产品质量认证，确保产品质量安全

要确保产品质量安全，必须实施从"苗种到餐桌"的全过程质量控制与管理，即从养殖水环境、苗种、养殖管理、捕捞加工、流通等过程，以及这个过程中的投入品（如饲料、药物等），进行严格的质量监控，从源头上保证产品质量。

近年来，"产品质量认证"被认为是质量管理和质量保证的新兴手段，且越来越受各国政府的重视。建议政府有关部门积极采用这一先进管理手段，要求企业建立产品质量管理体系，将产品的质量控制贯穿到生产的全过程，并逐步将监管从静态的注册，发展为更科学的动态过程监控，这样龟类产品的质量安全将会更有保障。

产品质量认证在国际上也称为合格认证。根据1991年实施的《中华人民共和国产品质量认证管理条例》，产品质量认证是依据产品标准和相应技术要求，经认证机构确认并通过颁发认证证书和认证标志来证明某一产品符合相应标准和相应技术要求的活动。实行产品质量认证的主要目的是保证产品质量，提高产品信誉和保护消费者利益。获准认证的产品，除接受国家法律和行政法规规定的检查外，免于其他检查。因此，实行产品质量认证，对确保产品质量安全、提高市场竞争力有重要意义。

7.9.4　加强养殖户管理，进一步确保产品质量

现在我国养龟产业的主体依然以千家万户为主，这种小型、零散的养殖模式，一方面对政府监管及确保龟类产品质量安全比较困难；另一方面这些养殖户受传统养殖思想影响和眼前利益驱动，追求的是产量最大化，忽视了产品的质量。这样一味追求养殖产量而不重视产品质量，加上行业龟深加工综合利用严重滞后，也是导致目前龟市供过于求，龟价暴跌的一个重要原因。如这种情况不改变，再继续一味追求产量而不注重产品质量和产品创新，会导

致龟价继续下跌收入更少。

在食品安全关注度极高的今天，也应该引起养龟产业从业人员，特别是养殖者的注意。以前谁也不会想到城里人到农村租地耕种，他们这样做的目的并不是为了赚钱，而是想吃到安全的食品。

针对上述情况，作者认为政府有关部门应加强对养殖户的管理，积极引导他们树立质量意识，注重产品质量安全。从长远考虑，我们广大产业从业人员，特别是养殖者，一定要重视产品质量安全，在养龟及龟类产品加工过程中，一定要扮演好对自己、对产业和对社会负责的角色；而政府有关部门也应担当起自己的职责，在做好产品质量安全宣传工作和加强质量监管工作的同时，通过行业协会组织，积极引导和扶持养殖者成立养龟专业合作社，将零散的养殖户全部纳入合作社统一管理，并进行产品质量安全和先进养殖技术培训，大力推广健康养殖和科学使用药物防治疾病。需要特别强调各社员务必在提高养龟单产的同时，要注重龟类产品质量。

7.10　加强市场开发，扩大龟类产品消费量

中国龟类产品国内消费市场是在改革开放以后，在国民经济快速发展，城乡人民收入不断提高的背景下发展起来的。也就是说，消费和投资是拉动经济增长和产业发展的两驾马车，没有消费就没有投资。然而，目前中国龟类产品的消费却明显滞后于生产，生产过剩导致了龟价下跌，引起了市场动荡和养殖者的严重损失，也正是由于消费不旺，使投资养龟的人不断减少而导致龟市低迷，影响了养龟产业的发展。

如何推动中国国内龟类消费和增加养龟投资而激活龟市呢？作者认为可从如下几方面开展工作。

7.10.1　创新营销手段，拓展龟类产品销售市场

目前，中国养龟行业在营销上做的工作很少，龟类产品基本上是等客上门。包括加工企业在内，很少为自己的产品做广告，故养龟产业及其产品的社会知名度很低，龟产品交易大多在产业圈内进行，这种闭环运作现象十分不利产业的发展，特别在市场经济渐趋成熟的今天，更是显得不相适应。

由于现在国内外药品和保健品的市场竞争，某些产品的销售周期缩短。中药中龟作为名

贵药材，具有其他中草药不可替代的功效。因此，我们要充分利用龟这一特点和优势，加强营销工作，创新营销手段和销售载体，大力宣传龟的独特功效，以扩大龟类产品消费市场，促进产业发展。

创新营销手段和销售载体，除利用流通人员和中介组织进行销售外，还可考虑采取网上销售、超市经营、配送上门、订单购销，以及定期举办各种龟类产品展销会、新产品发布会等多种形式进行多渠道销售，同时可在龟鳖展览会和相关的大型集会上熬煮龟汤、炖制龟肉，供民众品赏，以推介龟的实用价值，达到最大限度地提高龟类产品销售量的目的。另外，由于龟的宰杀和熬煮费工费时，严重影响了龟的鲜食消费。因此，为解决这一问题，根据科特勒所说："要取得竞争成功的关键常常有赖于增加价值服务和改进服务质量。"[1]养龟场可给客户代杀活龟或代煮龟汤，通过这样增加价值服务和改进服务质量等营销手段，无疑有助于开辟新的销售渠道和扩大消费市场。养龟场也可通过开展龟的寄养和观赏龟出租等业务，增加服务项目，这样对扩大龟类消费市场也有帮助。

上面提及的流通人员和中介组织，毫无疑问他们在目前龟类产品销售市场中，确实发挥了重要作用，有力地推动了龟种苗及其他龟类产品的流通，同时也对产业的发展产生了积极影响。但值得注意的是，这些流通人员和中介组织的素质参差不齐，其中有极少数为了短期利益，故意造谣惑众，制造市场混乱，从中渔利；也有极个别采取恐吓手段逼迫养殖户低价出售，令其蒙受不必要的损失；甚至有的在利益的驱使下，以劣充好，以病龟冒充健康龟，骗取钱财。这些不良现象扰乱了市场，阻碍了产业的健康发展。因此，如何引导和管理好这些流通人员及中介组织，充分发挥其积极方面的作用，就成为政府职能部门和行业组织要做的工作。对此，作者认为，政府职能部门除加强监管和协助行业组织制自律措施外，特别要加强对流通人员和中介组织的培训和引导，使他们真正认识到养龟业是一个长远产业，决不能为了自己的短期利益而损害产业的长远利益，否则会"捡芝麻丢西瓜"，得不偿失。通过定期培训和积极引导，使他们成为一支有道德、有营销技能和遵纪守法的专门营销队伍，只有这样，产业才能稳步和可持续发展，营销人员和广大养殖者的长远利益才有保障。

7.10.2　市场开发与服务相结合，提高龟类产品销量

实践证明，市场开发与服务相结合，更有利于市场开发和提高产品销量。如广东省珠海市康益达生物科技有限公司在开发市场的同时，提供养殖技术指导，供客户到养殖示范场参

---

[1] 菲利普·科特勒. 营销管理[M]. 北京：中国人民大学出版社，2011.

观学习等服务，不仅有力地促进了产品销售，还收到了良好的经济效益和社会效益；又如浙江省海宁市卖绿毛龟的蒋张林先生，如果客户在养殖观赏过程中如发现断毛和掉毛等现象时，他会给予退换。同时当售出的黄喉拟水龟和四眼斑水龟等龟种，客户养至产卵年龄不想养而需出售时，蒋张林先生则会回收作繁育绿毛龟基龟用。这样不仅弥补了自己培育绿毛龟基龟的龟源不足，也消除了客户的后顾之忧，双方皆大欢喜，从而走出了一条市场开发与服务相结合的新路子。正如市场营销专家大卫·乔布尔在《市场营销学》中所说："从直觉来看，提高服务质量会增加顾客满意度，从而产生较高的销售量和利润。"[①]吴长顺在《营销管理》一书中也说："随着服务经济时代的到来，服务营销已成为企业树立良好形象、开发新顾客、留住老顾客的最有效途径。"[②]由此可见，做好服务工作对市场开发和扩大市场消费量的重要性。

7.10.3　大力培育龟类产品品牌，促进产品销售

总体来看，目前养龟行业的企业大多缺乏品牌意识，故很少做广告宣传，以致产业在社会大众中的认知度很低，加上产品无品牌，所以销售不畅。此外，龟虽然有极高的药用与保健方面价值，但只有口碑而无品牌效应，所以龟类产品的市场占有率很低，从而成为影响产业发展的瓶颈之一，故实施品牌战略至关重要。营销学家劳瑞·莱特指出："拥有市场比拥有工厂重要得多，而唯一拥有市场最有效的途径是具有市场优势的品牌。"[③]"一个受信赖的品牌，可以让消费者了解什么是可预期的品质、特色和服务。"[④]

由此可见，养龟产业实施品牌战略，大力培育龟类产品品牌已经刻不容缓。由于产品品牌不仅代表企业的声誉、产品品质和科技水平，也代表产业的发展程度，所以名牌产品价高、畅销，原因就在于此。企业要增强创名牌的自觉性，努力树立产品品牌和发挥品牌效应，使自己的产品在众多竞争对手中脱颖而出，迅速扩大市场范围，增加产品销量。

实施品牌战略具体措施，作者建议如下。

①在产品生产过程中，做到"生产有标准，出厂有检验，上市有包装"。这样规范操作，不仅可以保证产品质量，也有利于树立产品品牌。

②通过引导和扶持养龟户成立养殖专业合作社，养龟户能够联合在一起，实行统一管

---

①大卫·乔布尔. 市场营销学（原理与实践）[M]. 北京：北京机械工业出版社，2003.

②吴长顺. 营销管理[M]. 广东：广东人民出版社，2003.

③何杰. 品牌就是卖得多 卖得快 卖得贵[J]. 养殖宝典，2004（3）：27.

④菲利普·科特勒. 科特勒行销全攻略[M]. 曾辰，编译. 现代出版社，2004.

理。不仅对其生产过程进行严格监控，而且对其产品实行"统一包装、统一质量标准、统一价格、统一对外宣传和同一物流发货销售"等，以提高品牌培育效果。

③养龟企业可通过申报龟类产品国家"无公害农产品"认证和龟品种的"国家地理标志"，打造龟产品品牌。

④政府增加公共投入，特别是增加科技研发的投入，扶持相关科研院所和有实力的企业，大力开展龟的深加工工艺技术研究，着力开发出几个具有明显治病抗癌作用的划时代高端产品，这是培育和树立龟类产品品牌最有效的途径。

⑤大力弘扬龟文化，加大宣传力度，使龟的价值家喻户晓，从而提高龟类产品及养龟产业的社会知名度。这样不仅有利于品牌培育，也是增加消费群体，提高龟类产品销量的重要举措。

7.10.4　大力培育和开发观赏龟市场

（1）宠物龟市场已逐渐形成，但现在却被外来品种所垄断

中国及很多西方国家把龟作为宠物养殖的历史悠久，特别是中国自20世纪80年代以后，随着社会经济的发展和人民生活水平的不断提高，有越来越多的家庭把龟作为宠物饲养。开始时，养殖的宠物龟主要为进口的红耳巴西龟，由于其体色艳丽且容易养殖，价格不高，很快便流行于全国的花鸟市场。由此宠物龟市场逐渐形成。

（2）观赏龟市场越来越大，但与传统宠物相比还差很远

随着社会的进步和人民生活水平的不断提高，观赏龟市场越来越大。但由于缺少观赏龟文化内涵的宣传，养殖配套设施，服务和养殖技术有待提高，中国的观赏龟市场还是缺乏生机和活力。与猫、狗等传统宠物相比，市场容量还很小。目前中国观赏龟只有在上海比较有市场。上海人认为观赏龟有五大特点：①观赏龟色彩漂亮，赏心悦目，体态诱人，耐人寻味；②观赏龟憨态机敏，富有灵性，能与人沟通；③观赏龟寓意吉祥，能给居家带来好运；④观赏龟耐性强，易于管理；⑤观赏龟长寿，可以传家。正是因为观赏龟有这些特点，并且观赏龟在上海人看来，有丰富的文化内涵，所以上海的观赏龟市场发展较好。

（3）观赏龟市场与传统宠物市场不同，需创新业态才能激活市场

实践证明，观赏龟发展的中坚力量是各地的龟友俱乐部，这样可以使更多的人认识观赏龟，并激发人们的驯养兴趣。据调查，中国饲养的观赏龟种类很多，海南省就高达83种，

而且主要是外来品种。品种这样繁多，使得养殖者对品种的选择比较迷茫，因此需要将观赏龟相对地分为高端观赏龟，如金钱龟、金头闭壳龟和黄缘闭壳龟等；普通观赏龟，如石金钱龟、小青头、火焰龟、蛋龟、钻纹龟等，以便人们对观赏龟有更清晰的认识。分类的同时，侧重国内品种，这样可以有目的地推广。

此外，全国各地的龟鳖协会组织和广大养龟从业人员，应积极宣传龟的文化和龟的作用，尤其要宣传金钱龟、金头龟、黄缘闭壳龟、石金钱龟和小青头等本土优良龟种。随着社会文明程度的不断提高和人民生活越来越好，观赏龟将会呈现出强劲的发展势头。

7.10.5　加强互联网对产品的销售

现在是互联网时代，互联网为全民生活带来便利，带动整个经济发展。根据克里斯·安德森在其《长尾理论》中所说："互联网所发挥的作用就是使企业能够把各种创新融合在一起，增强其实力，拓展其市场范围。""互联网所提供的交易方式，消除了有形壁垒，提供了无限的选择。"①利用互联网交易方式，不仅可改变养龟产业中等客上门买卖和池边交易的传统销售模式，还能突破市场的空间范围和地域限制，使销售更及时，更便利。特别是现在，我国养龟业仍然以一家一户为主体养殖，利用先进的互联网销售模式进行龟类产品销售就有重要的意义。事实上，现在龟种苗及其他龟类产品的销售，在互联网上已占一定比例。

此外，由于城市居民养殖观赏龟主要是休闲娱乐，所以养殖的数量不多，卖方不可能专程开车从海南送一两个观赏龟给东北的买家，为节省销售费用，买卖主要在网上进行，而且主要通过快递寄送方式完成交易。根据克里斯·安德森的长尾理论："如果你可以大大降低供给与需求的连接成本，那么你能改变的不仅仅是数字，还有市场的整个内涵。这就是长尾经济的逻辑：销售成本越低，销量就越大。"②实践证明，互联网交易方式确实可大大降低买卖双方的连接（交易）成本，大力发展和应用电子商务，是促进龟类产品销售的一条途径；不管是现在还是将来，中国观赏龟的销售主要通过互联网完成交易。另据作者调查，湖南呈宝龟类繁养有限公司所属的湖南呈宝商贸有限公司，便是专业龟类电商销售公司，通过淘宝等电商销售龟类产品，其"呈宝龟""呈宝优品""百亿优品"等店铺，于2017年日成交额一般在5万～8万元，最高时可达16万多元。在国内电商龟类市场上已占有一定份额，而且其品牌与销售均呈良好发展趋势，是国内龟类电商销售比较成功的案例。

---

①② 克里斯·安德森. 长尾理论[M]. 乔江涛，石晓燕，译. 北京：中信出版社，2009.

7.11　大力开发国际市场，促进龟类出口贸易

7.11.1　国际市场龟类消费情况

据有关资料介绍，二战以后，欧美等发达国家的爬宠市场发展很快。先由欧洲兴起养殖本土的陆龟，如赫曼陆龟和欧洲陆龟等，接着世界各地的龟都流行起来。现在欧美等地除了云南闭壳龟和斑鳖，几乎所有品种的龟都有，并且大部分已经繁殖成功。欧美国家在龟类保存上取得了较大成功。如中国的百色闭壳龟、金头闭壳龟、周氏闭壳龟、黄额闭壳龟和鹰嘴龟等龟种早已繁殖成功。另外，日本、新加坡、韩国等国家和地区的观赏龟类市场也比较成熟，如日本静冈爬展就是亚洲最大的爬宠展，一年两次，分夏季和冬季展。

据了解，除美国、马来西亚等国家外，欧洲国家、日本、韩国等均无规模化的观赏龟养殖场，都是依赖进口。欧洲的龟场主要是陆龟场，规模较小。美国的龟场规模较大，一般在100～300亩，但数量不多。依据目前国际观赏龟贸易状况，国际观赏龟市场主要集中在德国、意大利、捷克、美国和亚洲的发达国家。另外，国外观赏龟市场虽然发展较快，但食用和药用龟市场未形成。

7.11.2　中国龟类出口贸易基本情况

中国虽是世界上养龟和龟类消费的大国，但长期以来龟类出口数量有限，反而却进口了大量龟种，尤其是国内宠物龟市场，几乎长期被巴西龟等几个外来龟种所垄断。2012年3月23日的广州日报报道，从2003年开始，中国大陆、中国台湾和中国香港三地学者与美国、英国、法国和荷兰等国的著名龟类学家走遍中国的28个省市区，并从国外30个国家收集龟类图片进行类比，编制完成了《中国贸易龟类检索图鉴》一书，书中首次查明中国境内商品龟类126种，其中中国本土龟类31种，而外来龟类95种，占七成以上。

据有关资料介绍，中国观赏龟在国际观赏龟市场崭露头角是从2005年开始的，近年来出口贸易量有逐步增大的趋势。中国人工饲养的龟种多，养殖成本低，规模大，产品种配套齐全，这些条件都是美国乃至很多欧洲国家所不具备的，所以吸引了欧洲、美国、新加坡等地的进口商来中国实地考察。另据报道，至2015年9月，海南省已经出口中华草龟、中华花龟、黄耳彩龟、红耳彩龟、地图龟、蛋龟等26个品种龟到德国、意大利、葡萄牙等23个国家和地区，特别是欧洲对中国的小型观赏龟的需求量很大。而中国的龟类产品除了食用、药用和观赏外，出口走向世界也是必然的选择。至于往哪里走，如何走，则需要中国养龟产业

从业人员去不断探讨和摸索。

7.11.3　未来国际龟类贸易市场预测

中国观赏龟类的出口，是近几年才开辟的新市场。据了解，除了美国、马来西亚等少数国家有规模化的观赏龟养殖场，欧洲、日本、韩国和科威特等都没有。自中国的观赏龟走向国际市场后，国内观赏龟凭借种类多、数量大和价格便宜等优势，吸引了大量欧洲、韩国和美国等客商。可以预见，中国必将成为观赏龟的主要供应商。

此外，我国龟文化底蕴深厚，龟深受国人喜爱。因此，只要我们大力去开拓国际龟类消费市场，中国将会从"世界养龟工厂"发展成为"世界龟场"！

7.11.4　开拓国际龟类消费市场的建议

为适应国际市场需求，确保出口龟类产品质量安全，并有充足、稳定的出口货源，作者认为可通过建立现代化的龟类养殖和龟加工场用作出口基地。并在此基础上积极做好鲜活商品龟和观赏龟出口，以及大力开发科技含量高、附加值大和竞争对手难以复制的高端产品，从而抢占国际市场。这是扩大对外出口和保持对外贸易持续发展的主要途径。同时，作者认为今后龟类产品的对易贸易发展思路应是：以国外市场为导向，以科技创新为动力，以提高国际市场竞争力为核心，通过产业结构调整和优化产业布局，力求在提高单产的同时注重产品质量的提高，并实行产品创新，千方百计地研发出具有明显治疗作用的高科技产品，以提高出口创汇能力和扩大出口交易量，使我国成为全球养龟、龟类消费及出口创汇的大国和强国，从而促进中国养龟产业的快速发展。

7.12　加快专业市场建设和管理，规范龟类交易行为

中国虽为世界上最大的龟类养殖国和消费国，但由于未建立龟类专业市场，加上政府有关部门监管不够，使一些被列入国际和国内保护名录的龟种，在前几年被炒成背离实际价值的风险性动物，现在价格又以跳水的方式跌落至低谷，造成了产业巨大的波动。此外，由于龟类专业市场未建立，龟种苗及龟类产品虽然有先进的网络销售，但大多数还停留在原始的等客上门购买交易方式，因而存在信息不够灵通，销售渠道不够通畅的问题。在购销过程中

容易发生以劣充好、价格欺诈和网络销售货不对版等现象。另外，没有专业龟类交易市场，使零散和养殖数量不多的养殖户销售更难，据作者调查，他们常为自家的龟到哪里卖而担心。这种状况影响了养殖者的积极性，也阻滞了产业的发展。因此，加快龟类专业市场建设和加强龟类市场管理，已迫在眉睫。

建设龟类专业市场，作者认为可采取如下措施。

①在主养区建设核心交易市场，构建全国交易集散地，形成以主养区批发市场带头，以养殖较为集中的地方设初级市场为骨干，以城市销售网为辐射和专业龟类营销队伍为基础的龟类营销交易格局。

②在市场建设中，主养区政府和行业协会组织，应根据当地养龟产业发展规划和产业产销的实际情况，做好市场选址、建设规模和功能配套等规划工作。龟类专业市场为公共基础设施，建设应为公共投入，也可通过招商引资、合作共建和共同经营等方式进行运作。行业组织则要积极参与和大力协助政府做好市场建设与管理工作。此外，政府有关部门、行业组织和养殖户等，还可根据需要设立市场发展基金，加快市场的发展。

③龟类专业市场建成后，政府主管部门要加强管理，行业协会组织要大力协助政府开展管理工作，并制定行业公约和进行行业整合，通过多方共同努力，尽快建成一个固定、统一、开放和竞争有序的龟类专业交易市场；特别在监管方面，要做到制度化和规范化，使市场在经营过程中遵循合法、公平、公正、自愿和诚信的原则，努力营造一个良好的产业营商环境，减少行业发展过程中的恶意炒作、价格欺诈、以劣充好等混乱现象，促进龟类市场规范管理和产业健康、稳步发展。

7.13   坚持合法养殖和守法经营，规避法律风险

由于我国养龟产业是经过民间长期小规模养殖逐步发展起来的，所以许多养殖户对自己所养的龟是不是国家保护动物，需不需要办理证件都不大清楚，致使绝大部分养殖户都未办理"水生野生动物驯养繁殖许可证"和"水生野生动物经营利用许可证"，这样就给龟的养殖、销售和加工利用带来法律风险，也不利养龟产业正常发展。据《中国龟鳖》杂志介绍："广东省已经办理珍稀龟的驯养繁殖许可证10 000多个，其中东莞市办理2 400多个。可在东莞市龟业研究会上统计，办证率仅为10%。广州市增城区有养龟户2 000余户，办证近400个，接近20%，是办证率最高的。广西驯养繁殖许可证办理率较低，主要原因是城市居民家庭养龟的多，不想办证。城市近郊养龟的也多，但当地政府由于考虑将来的拆迁成本，不同

意办证。广西总共办证 2 000 多个，办证率为 2% 左右。"[1] 再有，一些龟类经销商为了迎合消费者"新、奇、特"的心理追求，不管是外来入侵物种龟，还是《濒危野生动植物物种国家贸易公约》附录Ⅰ、Ⅱ内受管制的品种龟，都千方百计地通过各种渠道从国外偷运进来，这是非常危险的，也触犯了有关法律法规。

因此，政府有关部门和行业组织（协会）应做好宣传、发动和培训等工作，并指导广大养殖户办理相关证件，使其做到合法养殖和守法经营，以规避法律风险。而珠海康益达公司商学院受上级有关部门委托，长年举办可颁发国家"水生生物病害防治员证"的职业技能鉴定培训班，学员可凭此证申办国家"水生野生动物驯养繁殖许可证"和"水生野生动物经营利用许可证"。

此外，现在的伪劣龟药充斥市场，无执业兽医师资格证而违法行医的兽医也很多。这些乱象不仅不利于养殖户，也会严重影响到产业的健康发展。因此，兽医行政主管部门应加强兽医业务监管，严格检查市场和网络上售卖的龟药是否正规，经营者是否合法；严格检查从事龟病防治的人员是否具备行医资格。对生产、销售假冒伪劣龟药的违法者和非法行医者依法查处，以保证养龟产业健康发展、杜绝龟类产品质量安全隐患和保障人类健康。

7.14　坚持长远发展理念，持之以恒养龟

养龟业可谓是"一年投资，百年受益"的好产业，但同时又是一个长线投资的行业，因而要求养殖者要有长远的发展理念，持之以恒养殖的思想，否则难以获得良好的效益，产业的稳定和持续发展也会受到影响。因此政府有关部门应充分发挥职能作用，将养龟产业当作建设社会主义新农村和推进农业产业化发展的一项重要工作来抓，并做好长远发展规划和积极引导广大产业从业人员要以长远发展的眼光对待养龟产业；而广大养殖者则要用持之以恒的心态去养龟，切忌朝三暮四和投机取巧，尤其在目前龟市低迷，龟价跌破成本价和产业处于强烈振荡的关键时期，更要沉住气，持之以恒地坚持养殖，否则"高价位入行，低价位退市"，会造成严重损失，甚至血本无归。

目前，产业中存在三种人，第一种是真正养龟人，他们把养龟当作一种事业，不管市场怎样变化都坚持养殖，这种人最后都会赚钱；第二种是流通中介人员，低价买入高价卖出，频繁买卖，这种人只能赚小钱；第三种是投机养龟人，行情好时入市养殖，行情不好时就抛

---

[1] 中国渔协龟鳖产业分会. 中国龟鳖[J]. 2016（6）：9.

售，投机取巧心态明显，这种人多数没钱赚，甚至血本无归。故养龟要有长远发展的眼光和持之以恒的心态，也只有这样，养殖者才有可能获得良好的收益，才有助于养龟产业稳步发展。

经济发展规律也告诉我们，任何一个产业当其发展到鼎盛时期，都会告别暴利时代而出现价格下行的现象；而价格下调一段时期后又会反弹上升，这是必然规律。养龟产业也是一样，这次龟价波动是养龟产业近二十年来发生的第五次价格调整。因此，作者建议养殖者在龟价低落之时，如有经济能力坚持养殖，就不要将龟抛售，要相信产业一定会反弹上升，中国养龟产业一定会走出低谷！

7.15　理顺龟的物流快递业务，激活龟消费市场

养龟产业和其他产业一样，发展也离不开物流快递业。但龟种苗及商品龟的销售多以鲜活龟为主，因而对物流转运或快递寄送有特殊要求，这样就增加了流通的难度。另外，广大养殖户养殖的名龟大多为国家二级或二级以上保护动物，且绝大多数未办理"水生野生动物驯养繁殖许可证"和"水生野生动物经营利用许可证"，故很多物流公司和快递公司不敢揽货运输与快递寄送，从而影响了鲜活龟的流通，尤其对观赏龟的销售影响很大。因此，由行业协会出面与政府有关部门沟通、协调，尽快制定相关物流快递政策，理顺龟的物流快递业务，从而激活龟的消费市场，这也是产业当务之急。

7.16　大力弘扬龟文化，助推产业发展

中国养龟历史悠久，龟类文物也十分丰富，龟文化更是源远流长。几千年积淀而成的龟文化已成了中国文化的一个重要组成部分，深深地根植于中国人的意识之中。"龟鳖作为自然界成员之一，在古代诗文典籍中留下了难以磨灭的痕迹，自古以来颇受重视。究其原因有三：第一，古人认为炙烤后的龟壳裂纹走向可判定凶吉，预测未来，所以龟是先见之明的代称，有'先知君'之名；第二，龟是吉祥、长寿的象征，龟图、龟鼎、龟旗、龟钮等都寄托了古人此番情思，至今仍将龟寓意为长寿；第三，龟鳖也是民俗中骂街之语，王八、龟儿子

等成了诉词詈语。以上是从龟文化角度的解释。"①

　　此外，龟也是重要的文化载体，在中华民族漫长的文明发展史中，众多的寓言、民间故事、古籍、雕塑、青铜饰、瓦当、石刻、邮票、钱币等都留下了龟的影子，并赋予了人们长寿、健康、吉祥和富贵的美好寓意。当人们描绘长寿、吉祥和富贵等寓意时，总是将龟与鹤、竹、钱等物品相提并论。此外，中国许多人认为，家中养龟能避邪消灾、镇宅纳财，所以中国某些地方及东南亚等地居民，常买几只龟回来养殖，用于镇宅纳财。

图7-17　金钱龟图

　　虽然中国龟文化底蕴厚重和远比其他生物丰富多彩，但根据作者调查，目前大多数人却对养龟，尤其是对龟的经济价值知之甚少，更不会想到去养龟或食用龟，这表明我们的龟文化宣传、推介工作未做好。为推动养龟产业快速发展，政府有关部门、行业组织和广大养龟从业人员，应大力弘扬龟文化，使更多人认识龟，了解龟的多方面价值。只有提高广大民众对龟的认知，了解养龟的好处和食用龟的益处，才能引导广大民众养龟和食龟，才能推动养龟产业更好地发展。

　　作者认为大力弘扬龟文化，推动产业发展的具体措施有如下几点。

　　①政府要鼓励和扶持有能力的养龟企业和龟类加工企业，加紧与有关高校及科研院所合作，大力开展龟的深加工研究，尽快研制出一两种具有明显治病和抗癌作用的药物用于临床实践，打造龟类产品品牌，进而推动养龟产业发展。

　　②各级养龟协会和专业合作社等组织，要组织人力挖掘和收集民间关于龟治疗疑难杂症和癌症的有效方剂、方法和成功案例，并将其整理和印刷成册进行广泛宣传，使广大民众真正认识到龟的独特作用和无可替代的药用价值。

---

①周婷，李丕鹏．中国龟鳖分类原色图鉴[M]．北京：中国农业出版社，2013．

　　③通过组织和举办各种龟鳖文化博览会、龟鳖文化美食展、龟类科普养殖交流会、龟鳖评比大赛、慈善拍卖会、各种龟鳖技术论坛及龟鳖文化节等，全方位大力宣传龟的药用、保健、美容、美食、观赏、文化传承及科研等多方面价值，特别是龟的抗病抗衰老和防癌抗癌等独特作用，使更多人了解养龟行业，从而提升养龟产业的社会认知度，推动龟文化发展和养龟产业振兴，促进龟类主养区经济转型。

　　④通过建设以龟文化为主题的旅游景点、农家乐、观光农业、养龟休闲体验馆、龟谷园及青少年野生动物保护培训基地等，借势宣传龟的用途和体验养龟、食龟的好处。这样，我们可以使弘扬龟文化与人民休闲养生有机地联系起来，使产业经济效益和社会效益结合起来，从而使龟文化和龟的作用得到充分释放，以推动养龟产业的发展。

　　⑤通过建设养生文化产业园，大力宣传"治未病"理念，即围绕龟文化和龟的食疗保健作用，建设养生馆、药膳美食馆等，将养生园真正打造成一个集旅游观光、休闲娱乐、保健养生及消费为一体的养生文化产业园，从而彰显养龟休闲和食龟养生等特色。其中食疗药膳是龟文化的一大特色，也是养生城市服务业的重要组成部分，故要重视开发具有市场价值和消费意义的龟食疗药膳产品，特别是现代人工作压力大，生活节奏快，健康问题日益突出，而龟的食疗和养生作用又对现代人的亚健康状态有明显调理功效，因此，将养龟业与现代人在疾病治疗、康复、养生、养老等方面的需求结合起来，可使产业产生巨大的经济效益和社会效益。

　　综上所述，积极挖掘龟文化宝藏和大力弘扬龟文化，引导人们自觉学习、研究和继承这些优秀历史文化遗产，使龟文化深入人心，使国人认识到养龟业是造福全人类的健康产业。这样会对中国养龟产业的发展产生积极作用。

第八章　内容小结、后续研究及展望

　　作者根据前面章节的研究结果，结合中国目前养龟产业的实际情况，认为中国养龟业作为一个新兴产业，其发展战略指导思想应以国家政策为导向，以国内、外市场需求为引领，以科技创新为核心，以延伸产业链、加快龟深加工综合利用为重点，加大科技投入，创新养殖技术和模式，对产业进行转型升级，推动产业融合发展，提升产业发展层次，努力提高龟类产品的市场竞争力，从而把中国养龟产业做得更大更强。为此，作者对中国养龟产业今后的发展，提出了如下建议，希望对中国养龟产业的健康、稳步和可持续发展发挥积极作用。

8.1　内容小结

　　龟是大自然和祖先留给我们的一笔宝贵财富，我们应该好好珍惜，合理开发利用，以便使它更好地造福人类。为此，本书对中国养龟产业的发展战略与措施进行了全面、系统和深入的研究，希望通过这次研究，探索出一条适合中国养龟产业发展的科学道路，以推动产业从注重产量增长向注重质量与效益提高的转变，从注重资源利用向注重生态环保转变，从注重物质投入向注重科技进步转变，从而创造更好的经济效益与社会效益。同时，为方便广大读者阅读本书及更好地了解本书的基本内容和观点，作者对本书作了如下小结。

　　（1）龟是古老的爬行动物，中国龟文化也源远流长

　　龟是一类古老而特殊的爬行动物，龟的起源至今已有2亿多年，即龟是与恐龙同一时代或更早的生物，而中国民间养龟及利用龟的历史也可追溯到6 000年以前。

　　中国龟文化源远流长、博大精深。在中华民族五千年的文明史中，人们围绕龟，在哲学、政治、天文、宗教、文学、书画、艺术、体育、科技、医药、食补与养生等方面，都有与龟有关的文化。而近年来迅速发展的中国养龟产业，更进一步丰富了中华民族的产业文化。

　　（2）龟具多方面价值，特别是药用保健价值更为世人关注

　　龟具有药用保健、食用营养、观赏娱乐、文化传承、科学研究与生态平衡等多方面价值，而药用价值与保健价值更为世人关注。自古以来中国人民就将龟作为食疗和长寿佳品，如明代李时珍的《本草纲目》中记载："介虫三百六十，而龟为之长"；战国时期的《山海经》和东汉时代的《神农本草经》也记载："龟可治奇难杂症、淋巴梅毒等，有防癌抗癌、清热解毒等功效。"现代科学也表明，龟含有多种免疫活性物质及人体所需的各种营养成分，常食可增强免疫力，有延年益寿的功效，所以中国和东南亚、欧美等国的居民，喜用龟养颜、保健、除湿毒、防治肿瘤（癌症）等。龟为中国中医药事业的发展及人民的身体健康做出了重要贡献。

　　（3）养龟业是一个朝阳产业，发展空间大，前景广阔

　　首先，养龟业属于高效特色农业，具有劳动强度小、节水、节能、节地和环境污染小等特点。

　　其次，龟具有很高的经济价值，特别是药用和保健价值对人类健康和长寿有着不可替代的作用；而养龟产业对发展和壮大中国的生物利用产业也能起到很好的推动和保障作用，这是中国经济领域中最具优势和活力的战略产业。

再次，随着中国人民生活水平的不断提高，人们更注重健康、长寿和高质量的生活，因而对多功能于一体的龟的需求量将会增大；尤其是随着民众消费能力的提高及人类疾病谱的改变，国内外医疗模式也随之由预防、治疗为主，向预防、保健为主转变，因而龟板、龟胶等中医药市场将会释放更大的消费潜力；而龟的抗病、抗衰老功效，将会对人类的健康发挥着越来越重要的作用。

由上可见，养龟业是一个促进人类健康、长寿，和提升人们高素质生活的朝阳产业，有着巨大的发展空间大和广阔的发展前景。

（4）中国养龟业发展迅速，现已成为一个庞大的支柱产业

中国养龟业近十年来发展迅速，迄今已形成了较大的规模，成了主养区经济发展和人民致富的支柱产业。这个产业经过多年的发展和沉淀，现已基本形成了集科研、养殖、销售及加工利用等一条龙的产业链，并由此衍生出了一个以养龟生产资料及龟产品组成的市场。中国养龟业发展之快，规模之大及从业人员之多可谓全球之最。

（5）目前龟市低迷，龟深加工综合利用滞后是主要原因

中国养龟业近年得到迅速发展，并于2014年达到了高峰期，龟价也达到了最高峰。当年几乎所有养龟及养龟从业人员都获得了丰厚利润。但从2015年年初开始，养殖热度开始下降，至2018年年底，龟价跌破人们的预期，龟市出现了前所未有的低迷，整个产业处于大幅度调整的振荡期。出现这种情况是因为养龟产业的迅速发展，使龟的存养量越来越多，而龟的深加工综合利用却没跟上。

事实证明，中国目前对龟的加工研究和利用仍处于初级阶段，龟的利用基本还停留在低层级的鲜食和保健作用，而深加工的用于治疗的龟类产品还没有。故大力开展和加快龟的深加工技术研究和实施产品创新，努力攻克龟的防病抗癌和美容抗衰老等药用成分的萃取与利用技术，开发出科技含量高、附加值大和方便食用的龟类产品，已迫在眉睫。与此同时，也要加紧养殖名龟进入国家药典的申报工作，从而使其合法进入药用消费流。因此，做好这些工作，打通终端消费渠道，大规模开发消费需求，作者认为是解决养龟产业出路的主要途径。

（6）经产业竞争环境和SWOT分析，发展养龟业的优势大于劣势，机遇与挑战并存

中国养龟产业同其他产业一样，也存在着激烈的市场竞争和面临着各种威胁。本文应用迈克尔·波特的五力模型结构，对中国养龟产业的竞争环境进行了分析，了解了产业内部五

种基本竞争作用力的竞争状态；同时对产业的发展进行了SWOT分析，明晰了产业发展的优势、劣势、机遇和挑战，并经综合的研究和分析后，得出产业发展的优势大于劣势，机遇与挑战并存。这为制定产业发展战略与保证战略实施提供了重要依据。

（7）目前养龟产业亟须转型升级和实施健康养殖

随着养龟产业的不断发展，阻碍产业快速发展的问题也越来越突出。如原来利用家庭庭院、屋顶天台和闲置室内养龟的养殖户，现在已明显感到了压力；而小规模、零散养殖的养殖户也感到获利困难。在这种情况下，由小规模零散养殖逐步转向大规模产业化养殖已是大势所趋。此时如产业不转型就没有出路，不升级就没有生命力。

此外，我国传统的养龟方法和模式，不仅工作量大，耗水多，易污染环境，还会导致龟的病害多及易影响生产性能的发挥，故创新养殖模式和大力推广生态健康养殖也势在必行。而生态健康养殖就是通过先进、科学的养殖手段，最终获得质好、量高、安全的产品，且不污染环境，从而创造良好的经济效益和社会效益。而创建养龟产业园则是养龟产业转型升级和实施生态健康养殖的重要途径。实践证明，产业园区承载着开拓发展新领域、延长产业链条、拓展销售市场、促进产业企业交流合作及发挥先进养殖技术示范引领等多方面的功能和作用。

（8）本书最后提出的"中国养龟产业发展战略与措施建议"，具有重要的现实指导意义

本书全面剖析了与养龟产业发展有关的各项因素，着重研究实施产业化发展的各种方法及措施，清晰地展示了中国养龟产业发展的战略路径和战略措施。并在此深入研究和综合分析的基础上，结合本人浅薄的理论知识和实践经验，最终探索和总结出的"中国养龟产业发展战略与措施建议"，希望能为目前正处于迷茫之际的中国养龟产业指明发展方向，对我国养龟产业的健康和可持续发展发挥推动作用。现将其归纳如下。

①制定产业发展规划和调整产业结构；②依靠科学技术提高产业运行层次；③创新经营管理模式促进产业发展；④实施养龟产业生态化和推广健康养殖；⑤打造养龟产业集群，增强产业竞争力；⑥加快产业转型升级，促进产业稳步发展；⑦加强品种选育，提高养殖经济效益；⑧加快深加工利用和实施产品创新；⑨加强产品质量监管，努力提高产品质量；⑩加强市场开发，扩大龟类消费市场；⑪大力开发国际市场，促进龟类出口贸易；⑫加快专业市场建设和管理，规范龟类交易行为；⑬理顺龟物流快递业务，激活龟消费市场；⑭坚持合法养殖和守法经营；⑮树立长远发展理念，持之以恒养龟；⑯大力弘扬龟文化，助推产业发展。

8.2　后续研究与展望

中国养龟业是一个新兴产业，虽然作者在这方面也做了一些研究，但由于受理论知识、实践经验、研究时间和研究精力等的限制，很多问题还没法研究透彻，尤其在产业战略规划、产品品牌运作、商业模式设计、市场营销、产业融合发展及产业集群推进等方面的研究更是肤浅，而这些内容恰恰又是产业发展的重点。作者在本书的撰写过程中已深深体会到自己知识的不足，现有的知识难以满足我国养龟业实施产业化发展的理论支撑。因此，作者在今后的工作中，将结合自身企业和中国养龟产业的实际，努力提高自身理论水平和实际工作能力。作者将加大企业与高等院校、科研院所等的合作，积极开展产学研活动，继续对这一课题进行全面、深入的研究与探索，为促进我国养龟产业的跨越式发展作些贡献，并展望中国养龟产业做得更强更大，以充分发挥龟对人类健康的贡献而不断努力。

作者对本书的编写花费了大量的时间和精力，故希望其能成为国人进一步认识龟、了解养龟产业和知道食龟好处的窗口；成为激发人们养龟热情和热爱养龟产业的动力；成为激励养龟人不断前行的驿站；成为坚定养龟人决心和信心的基石。同时希望本书能引起有关专家、教授和一线科技人员对中国养龟产业发展问题的更多讨论和实践探索，从而推动我国养龟产业不断发展！

附 录

附录1 作者调查的龟场和参加的相关活动（都为部分）

2012年12月18日上午，作者应邀参加广西"钦州市三联龟鳖科技有限公司成立大会"，并在其联谊酒会上致辞（图❸），同时，被聘为该公司"龟鳖诊疗中心远程诊疗专家"。图❷从左至右分别为洪志伟先生、张作英女士、杨军先生和马丽珍女士，他们是三联龟鳖科技公司的四大股东。

2012年12月18日下午，作者应广西钦州市水产畜牧局和钦州市水产技术推广站的邀请，在该市高岭酒店举办的"钦州市龟鳖养殖技术培训班"上，讲授了"龟鳖生态健康养殖及龟病防治技术"课程（图❶和图❷）。培训结束后，还应邀到杨军先生（图❹）、张作英女士（图❺）和洪志伟先生（图❽）等的龟场参观调研。

2013年3月21日，作者应广西灵山县畜牧局的邀请，到该县讲授"龟鳖养殖技术"课程，然后在县畜牧局局长马创碧（图❻）先生等的陪同下，到灵山县瑞然丰农牧种养专业合作社（龟场）等参观调研。

2013年6月23日，作者（图❶左1）应邀到广东省云安县赵良标先生（图❶右1）龟场考察、调研。

2013年7月26日，作者应阳春市龟鳖养殖行业协会的邀请，到广东省阳春市讲授龟鳖养殖技术课程，然后到该协会会长黎兴福先生（图❺右1）龟场考察、调研。

2013年11月18日，作者应广东省中山市龟鳖协会邀请，到中山市讲课，并与龟友交流中国养龟产业发展情况。

2013年12月12日，作者应邀到广东省江门市李国英先生龟场考察、调研。

2014年9月19日，作者应邀到广东省吴川市燕来农牧有限公司龟场考察、调研。

2014年12月17日，作者应邀参加广东省"茂名市龟鳖业协会成立大会暨2014茂名龟鳖论坛"，并在大会上讲话。

2015年1月23日，作者应邀到广东省阳东县陈石锋先生的龟场考察、调研。

2015年3月15日，作者应邀到中山市麦梅芳女士的龟场参观、调研。

2015年3月28日，作者应广东省博罗县龟产业协会邀请，在该县园洲镇豪园大酒店举办"博罗县龟产业协会龟病防治技术专题讲座"（图❶），该县龟产业协会会员及其他养龟从业者共700多人参加听课。讲座结束后，博罗县龟协理事会成员与作者合影留念（图❸：前排左3为中国龟协李艺会长，左4为博罗龟协李善荣会长，左5为作者）。然后在李艺会长的陪同下，参观了惠州李艺金钱龟生态发展有限公司及其金钱龟生态园（图❷）。

2015年5月6日，作者应邀参加广西钦州市石金钱龟协会成立大会，并被该协会聘为首席技术专家；同时应钦州市水产技术推广站和该协会的邀请，在钦州市高岭酒店举办"龟鳖生态健康养殖及疾病防治"培训班（图❷：左1为作者，左2为协会马丽珍会长，左3为洪志伟秘书长）。

2015年5月7日，作者应邀到广西钦州市石金钱龟协会秘书长洪志伟先生（图❷）的龟场考察、调研。

2015年5月7日，作者（左2）到广西钦州中国龟谷考察、调研。

2015年5月8日，作者在广西大学——东盟动物种源基地龟鳖繁育中心总负责人、广西壮族自治区水产技术推广总站党委书记张秋明（图❸右1）的陪同下，参观了该基地龟鳖繁育中心，并与该中心各功能区的负责人进行了座谈交流，然后为广西大学动科学院水产养殖专业的研究生，讲授了"病龟解剖方法与病理变化分析"课程。

2015年5月9日，作者应南宁市水产畜牧技术推广站和南宁市龟鳖协会邀请，参加在南宁国际会展中心举办"名龟健康养殖技术培训班"；培训结束后，在广西鳖产业协会尹炳坤会长（图**5**左1）的陪同下，参观考察了南宁市龟鳖产业协会冼康平会长（图**4**右2）等的龟场。

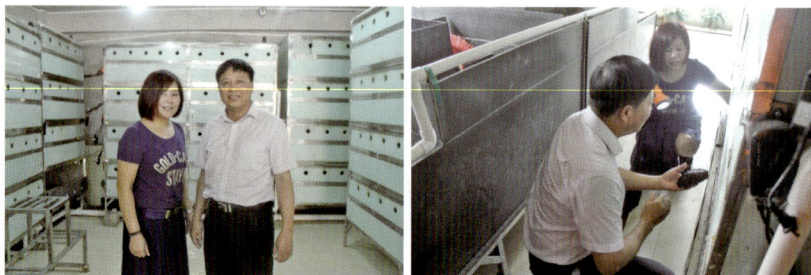

2015年5月18日，作者应邀到广西南宁市干玲琴女士龟场考察、调研。

2015年6月8日，作者应广西区龟鳖产业协会邀请，在南宁江南水街龟圩为广西龟友们讲解"龟鳖健康养殖核心技术"课程（图❸）。培训结束后，作者还应南宁杨德崇先生（（图❹右前）右前）邀请，到龟场考察、调研。

2015年6月9日，作者应宁明县畜牧水产局邀请，参加该县举办的"龟鳖生态健康养殖技术培训班"。培训班由县水产技术推广站吕日福站长主持，渔政站万站长和该县100多名龟鳖养殖者参加了培训。在培训过程中，作者与广大龟鳖养殖者及政府职能部门管理者就龟鳖养殖业的发展进行了广泛交流。

2015年6月17日，作者在韶关市龟鳖协会邱光成会长（图❸后排左2）等的陪同下，到韶关市仁化县罗伟忠先生（图❸前排右1）的丹霞名龟养殖场参观调研。

2015年6月28日，作者应邀参加在广西北海曼哈顿大酒店举办的"龟鳖生态健康养殖技术培训班"。培训结束后考察、调研北海市龟协副会长杨华强先生龟场。

2015年7月26日，作者应广东韶关市龟鳖养殖协会邀请，参加在韶关市湖心宾馆举办"名龟健康养殖核心技术及疾病防治关键环节培训班"。培训结束后，再应邀到韶关市始兴县鑫苑金钱龟有限公司、始兴县隆源金钱龟养殖合作社何世东社长等的龟场，以及到曲江区乌龟屯龟鳖养殖专业合作社和曲江区恒誉龟鳖交流中心考察、调研。

2015年7月27日，作者应邀到广东省南雄市董诗燕先生（图❷左1）龟场考察、调研。

2015年7月28日，作者应邀到广东省翁源县石招启先生（图❷左2）龟场考察、调研。

2015年8月4日，作者（图❷左1）到海南省龟鳖协会考察、调研，参观了协会会长、海口泓旺农业有限公司总经理陈如江先生（图❶左3）的龟场。

2015年8月5日，作者（图❷右2）到海南省参观了该省龟协常务副会长、海口泓盛达农业养殖有限公司总经理韩克勤先生（图❷）的龟场。

2015年8月5日，作者到海南屯昌明球生物延寿科学有限公司考察、调研，并与该公司陈明球总经理进行了座谈交流。

2015年8月5日，作者到海南省儋州市金钱龟产业协会和儋州中投特种养殖种苗有限公司考察、调研，在许娟会长（图❸左）和公司陈群晔董事长（图❷右2）的陪同下，参观了该公司种苗基地，并进行了座谈交流。

2015年8月6日，作者（图❷左1）到海南省儋州市龟鳖协会考察、调研，在林春兰会长（图❷左2）的陪同下，参观了其龟场及儋州晨曦龟鳖养殖农民专业合作社。

2015年8月30日，作者到广东省湛江市龟鳖协会庞日福会长龟场考察、调研（图❸为作者夫妇与庞会长夫妇）。

作者于2015年9月12日，作者应邀到广西博白县讲课，并到莫承振先生（图❸左2）龟场考察、调研。

2015年9月17日，作者应韶关市水产管理局和韶关市水产研究所的邀请，在"黄缘闭壳龟繁养殖技术、珍稀龟类及中国大鲵机械化循环水育苗技术培训班"上，讲授了"龟类生态健康养殖及苗种繁育技术"课程，并与广大龟类养殖者及政府职能部门管理者就龟类养殖业的发展进行了广泛交流。

2015年9月20日，作者应广东省湛江市龟鳖协会的邀请，在"湛江市龟鳖协会第二次龟鳖养殖技术知识讲座"上授课，并应邀到吴川市陈祥禧先生龟场考察、调研。

2015年10月2日，作者参加"2015龟鳖评比大赛暨名优龟鳖展示展销会"，与有关领导和专家、教授合影。

2015年10月16～18日，作者参加2015中国（东莞）第一届"天沅·泽邦"龟鳖博览会，作者的公司作为龟鳖养殖生产商参展。

2015年10月18日，作者到东莞市金龟唛名龟研究所袁金标所长（图❶左1）龟场考察、调查。

2015年11月8日，作者应邀参加广东省"韶关市龟鳖养殖协会成立庆典大会"。图❸右1为江门市龟协莫立觉会长，右3为海南龟协陈如江会长，右4为广西龟协尹炳坤会长，左4为韶关龟协邱光成会长，左3为东莞金龟唛研究所袁金标所长，左2为韶关龟协石招启常务副会长，左1为茂名市龟协杨坤喜会长。

2015年11月9日，作者（图❶左2）应邀到广东韶关市黄碧云先生（图❷右前2）龟场考察、调研。

2015年11月9日，作者应邀到广东韶关市毛洪的先生（图❷右2）龟场考察、调研。

2015年11月14日，作者（图❸中）应邀参加广东省廉江市第一届龟鳖养殖协会授牌仪式暨技术培训班，并在培训班上讲授"省工节水养龟新技术"课程，然后到廉江市龟协会长陆钟先生（图❸右）龟场考察、调研。

2015年11月21日，作者应广西防城港市龟鳖产业协会的邀请，参加在防城港市喜相逢大酒店举办的"龟类健康养殖技术培训班"，培训结束后到该协会龚兵会长（图❹右1）龟场考察、调研。

2015年12月12日，广东省电白区龟鳖养殖协会成立，600多人参加了成立庆典大会。作者作为特邀嘉宾参会，并在会上致辞，同时就养龟产业的发展情况与参会嘉宾进行了广泛交流。

2015年12月21日，作者应邀参加"中国（茂名）第二届龟友联谊会"，并在会上讲授"应用生物技术可少换水把龟养得更好"课程。图❸左2为联谊会总负责人杨水营先生。

2016年3月21～22日，"第十届中国东方龟鳖论坛"在浙江嘉兴举办，来自全国各地龟鳖行业的专家、教授和龟友约300人参加了此次盛会。作者作为特邀嘉宾，在大会上作了"应用生物技术养好龟鳖"的主题报告。

2016年3月23日，作者先后到江苏省石志会先生和浙江省张金芳先生龟场考察、调研。

2015年12月26日，广州市龟鳖养殖协会成立，1200多人参加了庆典大会。作者作为特邀嘉宾参会并致辞，就养龟产业的发展问题与参会嘉宾进行了广泛交流（图❸左5为作者，左6为广州龟鳖协会陈美惠会长）。

2016年5月7日，作者应邀到深圳市龟鳖协会考察、调研，在黄伟球会长（图❶左2）的陪同下参观其龟场。

2016年4月10日，由惠州市龟产业协会和惠州市海洋与渔业科学技术研究中心在惠州市委党校举办的"名优龟类发展趋势交流会暨健康养殖技术培训班"，共有400多人参加。培训班由惠州市海洋与渔业科学技术研究中心主任高文峰主持，作者是交流会和培训班的主讲嘉宾。惠州市海洋与渔业局调研员李品良、市渔业研究推广中心副主任朱德兴、中国龟鳖协会会长李艺、珠江水产研究所研究员王广军、惠州市龟鳖协会会长吴惠民等领导和专家参加了交流。

2016年5月1~3日，作者作为特邀嘉宾参加广西柳州市龟类产业协会首届龟类展示会，并在会上致辞，同时在会议期间为广大龟友讲授"龟的健康养殖及疾病防治技术"课程。

2016年9月18～20日，作者（康益达企业董事长）带领企业管理团队，到惠州市龟鳖协会、博罗县龟产业协会、中国龟协李艺会长的金钱龟生态园、惠州市龟协吴惠民会长的龟场、常务副会长余送勇的龟场、博罗县龟协李善荣会长的龟场及惠州海天堂保健品有限公司（龟加工企业）等，进行了参观交流。

2016年11月22日，"东莞水产论坛第5期——龟鳖养殖"在东莞市大厚湖现代生态农业产业园召开，东莞市水产学会的领导、东莞市水产技术推广站的专家、广东绿卡现代农业集团的领导和技术人员、惠州市龟协的领导和广东部分龟鳖养殖场技术人员等参加论坛大会，作者作为特邀主讲嘉宾参会。

2016年11月25日，广东省畜牧兽医学会中兽医学专业委员会2016年理事会在华南农业大学召开。作者在会上介绍了中兽医、中药在龟类疾病防治及保障龟类产品质量安全上的作用，特别是对防治龟类易发的肝胆病具有独特功效。对此，与会专家、教授普遍认同。

2016年11月30日，作者参加在东莞召开的"中渔协龟协产业分会二届四次理事会"（前排左7）。

2016年12月9日，清远市水产技术推广站和清城区农业局联办的"清远市优质水产养殖技术推广培训班"在清城区华清大酒店举行，培训班由该市水产技术推广站副站长蓝宗坚（图❹左2）主持，清远市农业局渔业科科长邓智杰、市水产技术推广站站长罗年滔、市渔政支队副支队长方齐强、清城区水产技术推广中心主任梁炽强等领导出席了开班仪式，清远市8个县、区水产技术推广站站长和全市主要龟鳖养殖大户，共计150多人参加了培训。作者作为培训班主讲嘉宾讲授了"龟鳖生态健康养殖核心技术和疾病诊治关键技术"等课程；培训结束后还应邀到清远市龟农生物科技有限公司总经理潘桂成（图❹左1）的龟场考察、调研。

2016年12月22日，作者应邀参加"东莞市龟协会成立十周年庆典大会"。

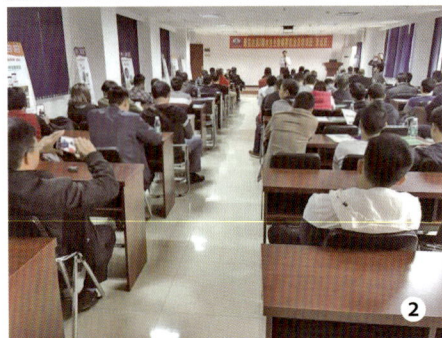

2017年1月4～5日，珠海康益达商学院根据清远市广大龟鳖养殖者的强烈要求，并征得广东省渔业行业特有工种职业技能鉴定站的同意，康益达第2期"国家水生生物病害防治员"职业技能鉴定培训班在清城区华清大酒店举办。作者作为培训班主讲老师讲授了"龟类健康养殖和龟病诊治核心技术"等课程。培训结束后，应罗超文（图❺右1）、张国辉（图❺左1）等学员邀请，到其龟场考察、调研。

2017年4月23日，作者（图 ❸ 前排左4）作为特邀专家，参加了在华南农业大学召开的"2017广州·首届宠物中医交流会"，并在会上就养龟业发展前景、龟作为异宠的发展趋势及龟病防治等内容进行了交流。

2017年4月23日，在"茂名市沙琅龟鳖行业协会十二周年庆典暨新一届理事会颁牌仪式"上，作者继续当选为协会的名誉会长。

2017年5月13日，作者在广东顺德参加"2017世界名龟科普养殖交流会"。

2017年8月17日，作者应广东省茂名市电白区星火水产养殖有限公司杨火廖董事长的邀请，到其龟场考察、调研。

2017年9月15～18日，由上海水产行业协会和上海海洋大学主办的"第12届上海国际休闲水族展暨第三届上海龟谷展"在上海农业博览中心隆重举行。作者作为"龟谷展龟谷大讲堂"的讲课嘉宾参加了展会。展会上展示了龟作为宠物已进入千家万户。（图❷：授课结束后，龟谷大讲堂负责人鲍晓颖女士与作者合影；图❹：作者在龟谷展欢迎晚宴上致辞，并与晚宴主持人、上海海洋大学潘联德教授向嘉宾敬酒；图❺：作者与广东省龟鳖养殖行业协会李德良会长在晚宴上）。

2017年12月20~22日，第八届华南小动物医师大会，暨第七届两岸三地宠物美容师精英挑战赛与第二届珠中江宠物行业年会，在珠海国际会展中心举行。这次大会，名师汇聚，课程高端；展商队伍庞大，展品琳琅满目。而作者的康益达公司作为小动物用品生产商参展；作者则被大会特邀为"学术讲师"讲授了"龟病诊治关键技术及典型案例分析"课程。从大会了解到，中国宠物市场连续20年高速增长，预计到2020年宠物市场消费额可达2 600亿元；而龟作为异宠也在迅速发展。图❶和图❷为开幕式现场，图❸和图❹为作者在授课。

2018年7月22~23日，作者应邀先后到广东省梅州市大埔县郑演欣先生（图❷右1）龟场和蕉岭县戴永松先生（图❶右1）龟场考察、调研。

作者（前左立者）作为龟鳖方面的专家参加了一些相关评审活动。

附录2　中国美丽的生态养龟场图

广西凭祥华夏龟谷特色养殖示范园

广东省云浮市云安区完璧金钱龟养殖有限公司

深圳市帮潮农业科技有限公司养龟场

广东省惠州市龟鳖协会吴惠民会长养龟场

广西钦州市龟王堡有限公司养龟场

广东省惠州市龟鳖协会常务副会长叶国旺先生的养龟场

广东省惠州市荣达水产养殖有限公司（博罗县龟协李善荣会长的养龟场）

广东省江门市黄缘繁育中心有限公司（袁厚培先生的养龟场）

广东省廉江市林济青先生的庭院养龟场

广东省廉江市龟鳖协会会长陆钟先生的庭院养龟场

广东省韶关市黄碧云先生的养龟场

参考文献

艾尔弗雷德．D．钱德勒，2002．战略与结构 [M]．云南：云南人民出版社．

蔡德发，2012．战略性新兴产业税收激励政策研究—基于黑龙江省产业升级视角 [D]．哈尔滨商业大学博士学位论文，5（20）．

曹雪芹，2014．红楼梦 [M]．南京：南京师范大学出版社．

车绮玲，2017．罕见的大型荔园生态养龟场：参观深圳龟协黄伟球会长养龟基地记述 [J]．中国龟鳖（4）：26-27．

陈峰，2002．推进中药产业成为我国战略产业的研究 [D]．浙江大学硕士学位论文．

陈宽维，高玉时，董燕声，2011．优质禽品种创新与健康养殖技术 [M]．吉林：吉林科学技术出版．

陈梦雷，蒋廷锡，2009．古今图书集成 [M]．北京：国家图书馆出版社．

大卫·乔布尔，2003．市场营销学（原理与实践）[M]．北京：北京机械工业出版社．

邓小平，1993．邓小平文选（第3卷）[M]．北京：人民出版社．

董燕声，2016．龟肝胆综合症继发细菌感染病的防治 [J]．中国龟鳖（2）：24-26．

董燕声，2016．应用生物技术可少换水把龟养得更好 [J]．中国龟鳖信息（1）：40-43．

董燕声，2017．金钱龟脂肪肝病继发感染症的诊治报告 [J]．中国龟鳖（4）：34-39．

董燕声，2017．一个科学养殖的生态龟场：参观惠州吴惠民会长龟场有感 [J]．中国龟鳖（4）：20-22．

董燕声，车绮玲，等，2013．石龟肝胆综合症的防治 [J]．当代水产（11）：73．

董燕声，车绮玲，等，2013．益生菌对水产动物内外环境的调节作用及应用 [J]．当代水产（7）：75-77．

董燕声，等，2016．珠海市龟鳖养值协会创会专刊 [Z]．广东珠海：珠海市龟鳖养值协会创会专刊编委会．

董燕声，高拥军，2018．龟舟博辑 [M]．吉林：吉林文史出版社．

董燕声，惠孝鑫，等，2013．石龟呼吸系统衰竭综合症的防治 [J]．当代水产（5）：76．

董燕声，林扬，蔡桥荣，2017．中华草龟肝病继发革兰氏阴性杆菌感染症诊治报告 [J]．中国龟鳖（2）：28-29．

董燕声、林扬、林志豪，2016．康益达龟鳖医院检验诊治报告 [J]．中国龟鳖（8）：40-42．

范拓源，尤建新，2011．战略性新兴产业发展规划与管理 [M]．北京：化学工业出版社．

范晔，2007．后汉书 [M]．北京：中华书局．

菲利普·科特勒，2004．科特勒行销全攻略 [M]．曾辰编，译．北京：现代出版社．

菲利普·科特勒，2011．营销管理 [M]．北京：中国人民大学出版社．

冯赫，2010．关于战略性新兴产业发展的若干思考 [J]．经济研究参考杂志（43）：62-68．

顾迁，尚书 [M]．郑州：中州古籍出版社．

广东省畜牧兽医学会中兽医学专业委员会，2017．首届宠物中医交流会会刊 [Z]．广东华南农业大学：首届宠物中医交流会组委会．

国际自然保育联盟（World Conservatlon，IUCN），1973．濒危动植物种国际贸易公约（CITES）[M]．

杭州市龟鳖行业协会，2016．广东中山龟鳖养殖具备产业化条件 朝持续多样性发展 [J]．养鳖动态（11）：1-3．

杭州市龟鳖行业协会，2016．湖州市加快推广龟鳖生态化养殖模式 [J]．养鳖动态（12）：1-3．

杭州市养鳖行业协会，2016．稻田综合种养技术之稻鳖共作模式介绍 [J]．养鳖动态（1）：6-8．

杭州市养鳖行业协会，2016．湖州市加快推广龟鳖生态化养殖模式 [J]．养鳖动态（12）：1-3．

杭州市养鳖行业协会，2016．黄喉拟水龟价格回落 市场回归理性的表现 [J]．养鳖动态（10）：6-7．

杭州市养鳖行业协会，2016．家庭养龟：改造利用多余空间，科学养殖 [J]．养鳖动态（9）：7-8．

杭州市养鳖行业协会，2018．龚老汉中华鳖产业园启动建设产融合发展示范园 [J]．龟鳖动态（10）：4-5．

何杰，2004．品牌就是卖得多卖得快卖得贵 [J]．养殖宝典（3）：27．

华南小动物医师大会，2017．第八届华南小动物医师大会会刊 [Z]．广东珠海：第八届华南小动物医师大会组委会．

黄宫绣，2017．本草求真 [M]．北京：中国中医药出版社．

杰夫·戴尔，赫尔·葛瑞格森，克莱顿·克里斯坦森，2013．创新者的基因 [M]．曾佳宁，译．北京：中信出版社．

景中，列子 [M]．北京：中华书局．

卡尔·麦克丹尼尔，查尔斯·W兰姆，2009．市场营销学 [M]．时启亮，朱洪兴，译．上海：

格致出版社.

克莱顿·克里斯坦森，杰罗姆·格罗斯曼，黄捷升，2015．创新者的处方 [M]．朱恒鹏，译．北京：中国人民大学出版社.

克里斯·安德森，2009．长尾理论 [M]．乔江涛，石晓燕，译．北京：中信出版社.

李贵生，2017．龟鳖产业的可持续发展战略 [J]．中国龟鳖（2）：22-23.

李贵生，陈兴权，陈钦培，2016．龟中之王—金钱龟 [M]．广州：暨南大学出版社.

李能忠，2017．茂名沙琅投资60亿元建"金龟小镇"[N]，南方农村报，09-21.

李潘红，2017．龟市低迷，更要相互交流和科学养殖 [J]．中国龟鳖（5）：10-13.

李时珍，2005．本草纲目 [M]．北京：人民卫生出版社.

李艺，2015．凝神聚力，智慧筹谋为龟鳖产业顺畅发展而努力：在中国渔协龟协产业分会二届三次理事会议上的报告 [R]．11-28.

李艺，2016．锐意拓新 提高行业协会地位 智慧发展 促进产业转型升级：李艺会长在中国渔协龟鳖产业分会二届四次理事会上的报告 [R].

林佩芬，1996．天问 [M]．上海：文汇出版社.

林毅夫，2004．发展战略与经济发展 [M]．北京：北京大学出版社.

刘安，2012．淮南子 [M]．陈广忠，译．北京：中华书局.

刘建明，王泰玄，等，1993．宣传舆论学大辞典 [M]．北京：经济日报出版社.

刘铁云，铁云藏龟 [M].

柳卸林，陈傲，2012．中国区域创新能力报告 [M]．北京：科学出版社.

卢福财，吴昌南，2013．产业经济学 [M]．上海：复旦大学出版社.

罗贯中，2006．三国演义 [M]．北京：北京出版社.

羅振玉，2006．殷墟书契考释 [M]．北京：中华书局.

马春文，2005．发展经济学 [M]．北京：高等教育出版社.

马歇尔，2007．经济学原理 [M]．北京：中国社会科学出版社.

迈克尔·波特，2005．竞争战略 [M]．陈小悦，译．北京：华夏出版社.

茂名市名龟产业协会，2015．茂名市名龟产业协会会刊 [Z]．广东茂名：茂名市名龟产业协会会刊编委会.

茂名市沙琅龟鳖行业协会，2013．沙琅龟鳖荟萃 [M]．广东：茂名市沙琅龟鳖行业协会.

内森·弗尔，杰夫·戴尔，2016．创新者的方法 [M]．陈召强，刘会，译．北京：中信出版社.

欧阳修，唐书 [M]．吉林：吉林出版社.

谯薇，2010．我国新兴产业发展中存在的问题及对策思考 [J]．经济体制改革（4）：167-169.

全国人民代表大会常务委员会，2017. 中华人民共和国农民专业合作社法 [Z].

任昉，1992. 述异记 [M]. 长春：吉林大学出版社.

山世英，2007. 中国水产业的经济分析与政策研究 [M]. 浙江：浙江大学出版社.

神龟田，2016. 我国珍稀动物保护的严峻形势 [J]. 中国龟鳖信息（1）：6-10.

沈志渔，罗中伟，等，2006. 经济全球化与中国产业组织调整 [M]. 北京：经济管理出版社.

施耐庵，罗贯中，1975. 水浒全传 [M]. 上海：上海人民出版社.

史海涛，2008. 中国贸易龟类检索图鉴 [M]. 北京：中国大百科全书出版社.

史清欢，2017. 小荷初定尖尖角，引领养龟新业态 [J]. 中国龟鳖（5）：8-9.

司马迁，2017. 史记列传 [M]. 北京：现代教育出版社.

孙喜模，2016. 全国珍稀淡水龟类养殖情况分析 [J]. 中国龟鳖（6）：8-11.

孙显军，2011. 大戴礼记诠释史考论 [M]. 北京：社会科学文献出版社.

泰勒尔，1997. 产业组织理论 [M]. 张维迎，译. 北京：中国人民大学出版社.

陶弘景，2013. 名医别录 [M]. 北京：中国中医药出版社.

田彦强，2016. 中国龟鳖 [M]. 石家庄：中国渔协龟鳖产业分会出版.

汪绂，2016. 医林纂要探源 [M]. 北京：中国中医药出版社.

王充，1974. 论衡 [M]. 上海：上海人民出版社.

王兰，庞聪，等，2003. 新龟兔赛跑 [M]. 长春：北方妇女儿童出版社.

王琴英，清溪鳖业调研：鳖稻共生 相得益彰 [J]. 龟鳖动态（10）：2-3.

王三聘，1987. 古今事物考 [M]. 上海：上海书店影印出版社.

未宇飞，2018. 清溪鳖业开展农产品深加工合作 [J]. 龟鳖动态（9）：4.

吴宇晖，张嘉昕，2007. 外国经济思想史 [M]. 北京：高等教育出版社.

吴长顺，2003. 营销管理 [M]. 广东：广东人民出版社.

吴遵霖，曾旭权，2007. 中华龟鳖文化博览 [M]. 北京：中国农业出版社.

希尔，琼斯，2007. 战略管理 [M]. 孙忠，译. 北京：中国市场出版社.

习近平，2018. 在中国科学院第十九次院士大会、中国工程院第十四次院士大会上的讲话 [R].

小山田勉，2003. 忍者神龟 [M]. 北京：中国文史出版社.

邢光卫，2007. 中部地区战略性主导产业竞争力评价 [D]. 武汉理工大学硕士学位论文.

熊勇清，2013. 战略性新兴产业与传统产业互动偶和发展研究 [M]. 北京：经济科学出版社.

炎帝，1955. 神农本草经 [M]. 北京：人民卫生出版社.

杨公仆，2008. 产业经济学教程 [M]. 上海：上海财经大学出版社.

杨钟健，周明镇，1953. 四川中生代爬行类动物的新发现 [M].

叶天士，2006．临证指南医案［M］．北京：人民卫生出版社．

叶祥奎，1963．中国古生物志：中国龟鳖类化石［M］．北京：科学出版社．

英国斯卡巴瑞潮水乐园，2007．海底世界［M］．太原：希望出版社．

于康震，2015．要转方式调结构实现水产养殖业升级［J］．养鳖动态（10）：1-2．

张景春，绿毛龟［M］．北京：中国农业出版社．

张少春，2010．中国战略性新兴产业发展与财政政策［M］．北京：经济科学出版社．

章海荣，方起，2005．休闲学概论［M］．云南：云南大学出版社．

章勇，2018．药物饲料添加剂拟2020年退市［N］．中国畜牧兽医报，04-28．

赵春明，2009．企业战略管理一理论与实践［M］．北京：人民出版社．

中国国务院，2015．关于大力推进大众创业万众创新若干政策措施的意见［Z］．

中国渔协龟鳖产业分会，2015．全国珍稀龟类保护与发展研讨会在北京举办［J］．中国龟鳖信息（创刊号）：4-5．

中国渔协龟鳖产业分会，2016．龟鳖产业要适应经济新常态［J］．中国龟鳖（5）：6-7．

中国渔协龟鳖产业分会，2016．龟鳖行业转型升级的必然趋势［J］．中国龟鳖（9）：1．

中国渔协龟鳖产业分会，2016．继续不懈努力 办好龟展活动［J］．中国龟鳖（3）：4-7．

中国渔协龟鳖产业分会，2016．谈谈"极端"动物保护主义［J］．中国龟鳖（4）：16-17．

中国渔协龟鳖产业分会，2016．养龟业何去何从？［J］．中国龟鳖（5）：1．

中国渔协龟鳖产业分会，2016．第十届东方龟鳖论坛在嘉兴举行［J］．中国龟鳖（4）：18-21．

中国渔协龟鳖产业分会，2017．"中国养龟第一镇""中国石金钱龟之乡"授牌仪式在茂名市电白区沙琅镇举行［J］．中国龟鳖（1）：4-5．

中国渔协龟鳖产业分会，2017．观赏龟异军突起［J］．中国龟鳖（4）：1．

中国渔协龟鳖产业分会，2017．实实在在解难点 确保产业稳步行［J］．中国龟鳖（1）：1．

中国渔协龟鳖产业分会，2017．要正确分析龟鳖产业的发展态势［J］．中国龟鳖（5）：1．

中国渔协龟鳖产业分会，2017．中国龟文化的发展与变迁［J］．中国龟鳖（3）：42-44．

中国渔协龟鳖产业分会，2017．中国龟协领导与全国同行共庆沙琅龟协成立12周年［J］．中国龟鳖（3）：16-17．

中国渔协龟鳖产业分会，2018．中渔协龟鳖产业分会文件［Z］．中渔协龟鳖字（2018）6号．

中国渔协龟鳖产业分会，2016．实验数据证明金钱龟能直接抑制癌细胞［J］．中国龟鳖（9）：45-48．

中国渔协龟鳖产业分会，2016．兴甘落笔摇五岳 乾降瑞兮坤降珍［J］．中国龟鳖（8）：24-27．

中国渔协龟鳖产业分会，2017．产业调整态势好 发展活力后劲足［J］．中国龟鳖（2）：1．

中国渔协龟鳖产业分会，2017．健康养生话神龟 [J]．中国龟鳖（2）：26-27.

中国渔协龟鳖产业分会，2017．要认真解决好龟业面临的两个法律问题 [J]．中国龟鳖（2）：1.

钟汉明，2016．拟水龟的药用价值与癌症患者的体验经历 [J]．中国龟鳖（3）：30-33.

周飞跃，2005．中药产业竞争力提升战略研究 [D]．中国农业大学博士学位论文．

周蒙，1994．从灵龟崇拜说到龟卜文化：诗经 民俗文化论之七 [J]．求是学刊（4）：78-82.

周三多，郭统钎，2002．战略管理思想史 [M]．上海：复旦大学出版社．

周婷，2017．也谈我国的观赏龟 [J]．中国龟鳖（5）：26-29.

周婷，李丕鹏，2013．中国龟鳖分类原色图鉴 [M]．北京：中国农业出版社．

周婷，李艺，林海燕，等，2011．李艺金钱龟养殖技术图谱 [M]．北京：中国农业出版社．

祝尔娟，等，2011．京津冀产业发展升级研究：重化工业和战略性新兴产业现状、趋势与升级 [M]．北京：中国经济出版社．

左丘明，2017．左传 [M]．北京：团结出版社．

Albert Otto Hirschman, 1958. The Strategy of Economic Development [M]．Yale University Press．

Barney J, 1991．Firm resources and sustained competitive advantage [J]．Journal of Management 17 (1)．

Daniel A．Wren, 2009. The History of Management Thought [M]．Wiley．

F. W. Taylor, 1911. The Principles of Scientific Management [M]．

Herbert A．Simon, 1960．The New Science of Management Decision [M]．Thomas L．Norton．

John Dunning, 1981．International Production and the Multinational Enterprises [M]．Allen & Unwin．

M. K．Badawy, 1982．Developing Managerial Skills of Engineers and Scientists [M]．

M. K．Badawy, 1982．Developing Managerial Skills of Engineers and Scientists [M]．

Nalebuff B．J．Brandenburger A, 1996．Co-opetition [M]．Harper Collins Business．

Neil Rackham, Lawrence Friedman, Richard Ruff, 1995．Getting Partnering Rights：How Market Leaders Are Creating Long-Term Competitive Advantage [M]．McGraw-Hill．

Simon Smith Kuznets, 1971．Modern Economic Growth：Rate，Structure，and Spread [M]．Harvard University Press．

Simon Smith Kuznets, 1971．National Economic Growth：Total Output and Production Structure [M]．Harvard University Press．

W. G．Hoffmann, 1958．Stadien und Typen der Industrialisierung [M]．University of Manchester．

Walt Whitman Rostow, 1990．The Stages Of Economic Growth [M]．Cambridge University Press．